JOSÉ MANOEL FERREIRA GONÇALVES

MÍDIA E MONEY

Entrevistas com:

Heródoto Barbeiro
Hildegard Angel
Rogério Galindo
Walter Casagrande Jr.
Felipe Altenfelder
Salvio Kotter
Stefani Costa
Com a colaboração de Marcos Pamplona

KOTTER
EDITORIAL

Diretor editorial: Sálvio Nienkötter
Coordenação editorial: Claudecir de Oliveira Rocha
Editor-executivo: Luiz Felipe Cunha
Editor-assistente: João Lucas Dusi
Capa: Jussara Salazar
Design editorial: Carlos Garcia Fernandes
Produção: Joehverson Guslen Jacob
Preparação de originais e revisão: O Autor

Dados Internacionais de Catalogação na Publicação (CIP)
Angelica Ilacqua CRB-8/7057

G626m

Gonçalves, José Manoel Ferreira
Mídia e money / José Manoel Ferreira Gonçalves. – 1. ed. – Curitiba : Kotter editorial, 2025.
136 p. : il.

ISBN 978-65-5361-398-0

1. Jornalismo - Brasil - História 2. Comunicação em massa I. Título

CDD 070.4

25-0131

Kotter Editorial Ltda.
Rua das Cerejeiras, 194
CEP: 82700-510 - Curitiba - PR
Tel. + 55(41) 3585-5161
www.kotter.com.br | contato@kotter.com.br

Feito o depósito legal
1ª Edição
2025

JOSÉ MANOEL FERREIRA GONÇALVES

MÍDIA E MONEY

Entrevistas com:

Heródoto Barbeiro
Hildegard Angel
Rogério Galindo
Walter Casagrande Jr.
Felipe Altenfelder
Salvio Kotter
Stefani Costa
Com a colaboração de Marcos Pamplona

Sumário

Parte 1 - Minha passagem pela mídia

Parte 2 - Entrevistas com jornalistas independentes

Parte 1

Minha passagem pela mídia

Jovem Pan

Agora o Lula voltou a falar em regulação dos meios digitais, das redes sociais. Parece que o mundo quer fazer isso, não é? A Alemanha já faz alguma coisa. Não sei sobre a Europa como um todo, mas a Alemanha faz. No fundo, este é o mesmo conflito que a gente tinha lá atrás... Deixa-me contar um pouco da minha história na mídia.

Quando vi a minha turma de engenharia na (Universidade) Mackenzie festejar a morte do Vladimir Herzog, em 1975, eu não o conhecia. Mas fiquei chocado, não entendia como alguém podia soltar rojão festejando a morte de uma pessoa. E ainda uma pessoa que morreu nos porões da ditadura, quer dizer, um negócio assim muito esquisito. Era no final de outubro. Por causa disso, pedi trancamento de matrícula. E então fui pedir emprego na Jovem Pan. O Fernando Vieira de Mello, que era diretor da rádio, me disse: "Você nem é estudante de jornalismo". Aí fui pesquisar onde tinha curso de jornalismo e descobri a (Faculdade) Cásper Líbero. Até então, eu não tinha nenhum contato com a máquina de escrever. Isso aconteceu no final de 1975. Passei no vestibular, voltei à Jovem Pan em janeiro de 1976 e disse ao Fernando que agora era aluno de jornalismo, que queria que ele me desse uma chance na rádio. Aí ele me colocou como radioescuta.

O radioescuta trabalhava com um gravador de rolo Aiko, que era um catatau. Acho que tinha de 50 a 60 cm de altura e uns 30 cm de largura, com grandes rolos de fita magnética. Eu tinha que me sentar ali, na sala da radioescuta, e ouvia junto com outros profissionais as emissoras de rádio do país. A gente gravava o que era transmitido pela Rádio Guaíba, de Porto Alegre; pela Rádio Inconfidência Mineira; pela Rádio Globo; pela Rádio Excelsior; pela Rádio Mayrink Veiga; umas emissoras, assim, jurássicas. A gente ouvia e gravava. Depois tinha que ouvir novamente e degravar a fita, datilografando o texto. Mas eu não sabia datilografar. Foi quando começou meu sofrimento. Então fui fazer um curso em frente ao Mappin, perto do Teatro Municipal de São Paulo, na Rua Xavier de Toledo. Fiz o curso, mas não aprendi nada útil. Eles colocavam uma tabuinha na frente do teclado, e você não podia olhar para ele, tinha que memorizar as posições das teclas. Eu sou fraco nisso, não é minha praia, tanto que até hoje cato milho.

Pois bem. Naquela época, a Jovem Pan começou a fazer enquetes. O jornalista ia para a rua e fazia perguntas. Me lembro de uma: "Você é contra ou a favor do divórcio?", que era um projeto de lei de um senador do Rio de Janeiro, que tinha feito o favor de oferecer à sociedade brasileira a possibilidade de as pessoas se divorciarem. Até então, não existia isso. Mas os jornalistas saíam com urnas de lona pelas ruas e pediam aos passantes para preencherem um papel com um X, dizendo se eram a favor ou contra o que era perguntado. O papel era depositado na urna, e a gente levava para a redação a papelada da apuração. Não era uma coisa científica, por amostragem técnica. Era uma coisa que vinha da intuição do nosso diretor, que dizia: "Olha, vai no bairro tal, que é importante saber o que aquele bairro pensa". A rádio tinha problemas para fazer contas, porque, imagina, jornalista fazendo contas... Como eu vinha do curso de engenharia na Mackenzie, me chamaram para fazer isso.

Aí comecei a fazer algumas projeções junto com o Fernando Vieira de Mello. Ele era um cara sábio, que sacava as coisas com rapidez. Ele tinha uma matemática própria que sempre coincidia com os resultados das pesquisas mais científicas. E dava certo, era uma matemática dele que batia com pesquisas mais científicas. Mas foi por isso que me livrei da datilografia e fui parar nas contas. Passei a ir para a rua e, na volta, ajudava a transformar aqueles dados em informações. Também ajudava a direção da rádio e fazia projeções com o que era trazido por outros repórteres da Vila Maria, Santana, Jabaquara etc. Os dados esparsos tinham que ser trabalhados. Sob a cabeça pensante do Fernando Vieira de Mello, a gente avaliava qual era a diferença de opinião entre a classe média de um bairro e de outro ou quanto ganhava de salário uma determinada população. Eram verificações muito empíricas, mas tudo era feito com seriedade. Ninguém jogava fora os dados que chegavam, eles eram trabalhados, embora com a ajuda da intuição do Fernando.

Então me safei da máquina de escrever. Virei um repórter. Ia para a rua fazer as enquetes, mas também comecei a ganhar pautas para fazer. Havia pautas de todo tipo. Por exemplo: "Vai ouvir o empresário tal falar sobre economia". Naquela época, me aproximei tanto do prefeito da cidade de São Paulo quanto do governador do estado.

Eu ia ao Palácio dos Bandeirantes e à prefeitura, que então era no Parque Ibirapuera. O secretário de segurança era um militar do Exército, bastante imprevisível, que tinha invadido a PUC, entre outros absurdos. Quando eu não tinha um resultado bom de pauta, ia buscar ouvir esses malucos. O prefeito me atendia sempre, porque ele tinha um assessor de imprensa, o Severino, um sujeito muito simples, que foi com a minha cara. Eu chegava no Ibirapuera, e o Severino me empurrava para a sala do prefeito. Saía de lá sempre com uma matéria para a Jovem Pan. A mesma coisa acontecia no Palácio dos Bandeirantes.

Já o governador era engenheiro, e, como eu era estudante de engenharia com a matrícula trancada, a gente falava de engenharia. Me lembro que ele discutia comigo Caucaia do Alto, porque queria fazer um novo aeroporto em São Paulo. Era uma discussão técnica, de engenheiros. Havia também o projeto SENEGRAM, de saneamento de toda a Grande São Paulo. Eu me dava bem com o governador, ele era um cara muito fino. Era uma figura.Um dia, ele se apaixonou por uma miss, foi ao Rio de Janeiro de encontro a ela e se encantou. Esqueceu que era casado, e passou o fim de semana desaparecido. O Palácio inteiro queria saber onde ele estava.

Eu acabei descobrindo porque tinha um telefone pessoal dele, de um apartamento no Rio. Não sei bem o que ele fazia lá. Então localizei o governador no Rio.

Enfim, eu fui indo. Num certo momento, o meu chefe de reportagem entrou em férias e surgiu outro chefe provisório que tinha um problema pessoal comigo: ele achava que eu ia virar um bom repórter, e ele era o grande repórter da rádio. Então ele me ferrava sempre que podia.

Uma vez, me mandou fazer uma matéria com o dono do Pão de Açúcar, o Abílio Diniz, na Avenida Brigadeiro Luís Antônio, onde era a sede da empresa. Entrei na garagem, no subsolo, e fiquei esperando para ser chamado. O detalhe é que, naquela época, a Jovem Pan tinha inventado um rodízio de repórteres que entravam no ar onde quer que estivessem para falar sobre a situação do trânsito no local. E o chefe provisório queria que eu falasse sobre o trânsito na Avenida Brigadeiro Luís Antônio. Mas eu estava dentro do estacionamento, não havia como ver a rua, e disse isso a ele. Eu falava pela FM, a frequência modulada da emissora, que funcionava bem. Estava perto, inclusive, da Jovem Pan, que era na Avenida Paulista. Ele apenas me disse: "Se não gravar, está suspenso".

Eu o coloquei em seu devido lugar. Voltei para a rádio e disse que ele estava louco e que eu não ia ser responsável por uma loucura daquelas. Ele me suspendeu. Era na véspera da loucura do carnaval. Peguei uma namorada minha e fui embora para Búzios. Mandei tudo para aquele lugar.

Aí o Fausto Silva, o Faustão, que era repórter de campo da Jovem Pan e trabalhava na equipe de esportes do Osmar Santos (aquele que seria o locutor dos comícios das Diretas Já em 84), soube dessa briga. Eu me dava muito bem com a equipe de esportes da Jovem Pan, porque o Osmar fumava e me pedia: "Zé, vai comprar cigarro". Eu era da equipe de jornalismo, mas ia comprar cigarro porque gostava do Osmar e do Fausto.

Eu morria de rir, porque eles eram uns gozadores. Basta imaginar o Fausto Silva, uma figura engraçada pra caramba. Bem, o Fausto soube e me perguntou: "O que aconteceu, Zé?". Falei: "Ó, o cara me suspendeu e eu mandei ele para aquele lugar". O Fausto, então, disse: "Você vai pro *Estadão*".

De fato, fui para o jornal O *Estado de São Paulo*. Quando cheguei lá, havia uma fila de gente querendo ser repórter do *Estadão*. E o Fausto falou a eles que eu era estudante de engenharia e tinha experiência na área do jornalismo da Jovem Pan. Acho que isso foi em 1978. Logo houve a Copa do Mundo na Argentina. O Fausto era repórter do *Estadão* e da Jovem Pan, não teve dificuldades de abrir o caminho para mim.

Ao entrar no *Estadão*, enfrentei um novo sofrimento com a máquina de escrever. Era uma redação gigante em que todos escreviam à máquina. Eu tremia. Mas aconteceu o seguinte: tinha acabado de chegar de Minas Gerais para entrar no jornal uma pessoa muito legal, um cara que depois ficou meu amigo. Era o Luiz Fernando Emediato, um jornalista e escritor. Ele saiu da sucursal do Jornal do Brasil (JB), de Belo Horizonte, e veio para o *Estadão* no mesmo momento em que eu entrei lá. O Emediato, percebendo meu desespero, começou a me ajudar.

Olha quem me ajudou, ninguém menos do que o Luiz Fernando Emediato! E aquela redação tinha figuras incríveis. Eu me lembro da Ana Maria Leopoldo e Silva, que era a mulher do Wellington de Oliveira, a voz padrão da Rede Globo em São Paulo. Ela era prima do Tuta (Antônio Augusto Amaral de Carvalho), diretor da Jovem Pan. Era uma anciã, mas uma pessoa muito simples, e começou a me ajudar também. Então sobrevivi naquele período.

Meu chefe era um insensato que cometeu grandes erros na vida jornalística. Um dia ligaram para a redação dizendo que iriam assaltar um banco e deram o endereço. O meu chefe não levou a sério, não avisou a polícia e colocou o *Estadão* como copartícipe de um assalto a banco. Nós o chamávamos de Touro Sentado. Esse cara só me dava pauta meia boca.

Uma delas, me lembro até hoje, foi sobre uma leoa sem dentes que fugiu de um desses circos de periferia. Parecia mais um cachorrão grande. Era magra, desdentada e andava pelo bairro. Isso não daria nada. Mas eu fui lá e fiz a matéria. Peguei depoimento das pessoas. Uma delas me disse que pensou que fosse um cachorro, que ficou com pena e deu comida para ela. E o Estadão publicou.

Havia também matérias absolutamente impossíveis. Um dia, me mandaram entrevistar o dono do jornal *Folha de São Paulo* e da rodoviária de São Paulo, que antigamente ficava no centro da cidade, na Barão de Limeira. Não lembro se ele era concessionário, mas era o responsável pela circulação dos ônibus. Ganhava muito dinheiro com isso.

Pois bem, o *Estadão* recebeu uma denúncia de que o empresário tinha comprado uma porção de prédios que ficavam no meio de um quarteirão daquela região antiga de São Paulo, onde estava a rodoviária. Ele derrubou os prédios, fez ali um estacionamento e depois transformou o local numa rua, que mandou asfaltar. Os ônibus, então, em vez de dar uma volta para chegar à rodoviária, encurtavam o caminho pela tal rua. Era mais rápido, ele economizava dinheiro, coisa de empresário esperto.

Só que isso fazia trepidarem os prédios ao redor. Os moradores dos prédios e os donos de comércio da região começaram a reclamar, porque a vibração estava trincando tudo ali em volta. A pauta era impossível. Ele não ia falar com o seu maior concorrente, o *Estadão*. Ele, claro, não quis me ouvir, sabia de onde eu vinha e sobre o que eu queria falar. Mas eu fiquei insistindo (sempre tive esse meu jeito de insistir).

Fiquei lá umas quatro horas. Cheguei a ir atrás dele numa sauna com piscina que ele tinha no alto de um prédio. Lá de baixo, eu gritava: "Aqui é o Zé Manoel, quero entrevistar o senhor. Ele respondia: "Eu não dou entrevista para esses sifilíticos quatrocentões, desgraçados!". Eu gritava que eu, pelo menos, não era nem sifilítico nem quatrocentão. "Me deram essa pauta, o senhor não quer falar comigo?" Insisti tanto que ele me mandou entrar lá.

Ele estava na sauna. Era um debochado. Quando foi eleito prefeito biônico de Santos, desceu a serra num carro aberto, subiu as escadarias da prefeitura com um chapéu Panamá e sapato branco. Essa figura me recebe, e eu digo a que vim. Falo que as pessoas estão reclamando da rua que ele fez. E ele me deu a entrevista.

Fui para a redação, escrevi um textinho de quarenta linhas, para a última página do *Estadão*, que falava de coisas de interesse da cidade. Mas o *Estadão* não acreditou que eu tivesse feito a matéria. Como um foca entrevistaria o dono de outro jornal? O editor-chefe fez uma reunião, chamou o meu chefe de reportagem e disse: "Como é que você fez a matéria? Como é que foi isso?".

Era como se eu não tivesse feito, como se estivesse inventando. Eu acabei dizendo que o dono da *Folha* tinha me recebido à vontade, na sauna. E no dia seguinte, abro o jornal e vejo na última página: "O empresário que recebeu nosso repórter de cuecas disse ontem que etc.". Mas ele não me recebeu de cuecas, só estava à vontade.

O dono da *Folha* ficou me odiando, claro. Voltei lá para dizer a ele, no dia seguinte, que eu não tinha sido o autor desse texto, pelo menos no que se referia às cuecas. Ele xingava lá de dentro: "Manda se lascar esse moleque, chama a polícia!". Foi horrível. Novamente fiquei quatro, cinco horas lá, dizendo que queria falar com ele, que eu não tinha escrito aquilo.

Aí ele me atendeu. Disse: "Você faz essa patifaria e ainda quer falar comigo?". Respondi: "Sim, eu quero que o senhor saiba que eu não escrevi aquilo". Contei a história, que eles não acreditaram, me perguntaram como é que ele tinha me atendido, que eu respondi que ele havia me atendido bem e "à vontade", em paz, tranquilo. E depois fizeram aquilo. Ele disse: "É bem isso mesmo, esses cretinos, esses Mesquita. Olha, você sai do *Estadão* e vem aqui. Você tem emprego na *Folha* a hora que quiser. Isso aqui é um jornal sério".

O fato é que tinha muita gente boa na *Folha*. Mas eu disse a ele que não podia sair do *Estadão*, senão diriam que eu havia armado aquilo. "Deixa eu continuar no *Estadão*, depois eu venho pra *Folha*, com a maior alegria."

Porque eu conhecia o Octavio Frias, conhecia um monte de gente na Folha. Mas aí a minha família comprou a Rádio Atlântica, de Santos, e eu nunca fui para a Folha.

Voltando um pouco. Na redação da Jovem Pan, eu vi o maior torturador da ditadura, um monstro que criou o esquadrão da morte paulistano. Mas também vi jornalistas de esquerda. Era inexplicável para mim. Acho que era um jogo de cena, isso de incorporar a esquerda.

Mas, como o Fernando Vieira de Mello era um cara muito habilidoso, ele conseguia colocar a rádio no centro. A Jovem Pan tinha uma postura de ouvir todos os segmentos. Ela não declarava preferência pela direita ou pela esquerda; ela ouvia todos. Mas estávamos em plena Ditadura Militar. Se a rádio saísse do eixo, ela podia ter os transmissores lacrados. Ela vivia numa relação de amor e ódio.

Eu não tinha, naquela época, a convicção que hoje eu tenho de que nós temos que trabalhar pelo conjunto da sociedade, pela democracia, pela justiça social. Embora depois, quando eu fui ser dono da Rádio Atlântica, eu já vivesse intensamente a política, achava que a resposta tinha que ser política. Achava que havia muita coisa errada. Conheci o Jânio Quadros no Guarujá, o Leonel Brizola em 1979, na Europa. Mas foi um período meio conturbado na minha vida. Eu não tinha a clareza ideológica de hoje.

Quanto à mídia, aquela era uma época em que o jornal não sofria a repressão que a emissora de rádio sofria. A rádio era sempre uma concessão pública federal que vivia sob a ameaça de censura. Acontecia mesmo de os censores da ditadura frequentarem a redação. Já no *Estadão* eu não via muito isso. O jornal tinha uma redação espelhada muito grande, lá na Marginal Tietê; eram quatro ou cinco andares. Eu não sabia se havia gente da ditadura andando por lá. Mas vi algumas figuras perigosas.

O *Estadão* tinha a Rádio Eldorado, mas a Eldorado também funcionava naquele complexo gigante, e eu não frequentava as salas dos caras que tomavam as decisões. Eu simplesmente recebia as pautas quando saía alguém daquelas salas, que eram aquários de vidro. Mas havia, sem dúvida, uma tensão no ar. Todo mundo ficava, apreensivo; as coisas aconteciam do nosso lado, a gente percebia as coisas acontecerem.

Quanto às reivindicações democráticas, houve uma greve em que a redação do jornal parou, mas a gráfica não. Houve um erro estratégico das lideranças trabalhistas. Então, o jornal, apesar da greve, continuava imprimindo os seus exemplares. Só que foram usadas matérias de correspondentes nacionais ou internacionais para ocupar o lugar daquelas que nós paramos de fazer. Eram os tais dos calhaus, que também seriam usados para substituir matérias censuradas. Aliás, o jornal era censuradíssimo.

Mas a minha experiência lá foi só de oito meses. Eu era um estagiário, não tive uma grande experiência no *Estadão*. Mas eu vivia tenso. Num dia em que chovia muito, bati meu Chevette bem em frente do jornal, de tão nervoso. Era um ambiente estranho. Me mandar fazer a cobertura de uma leoa que fugiu do circo? Claro que aquilo era um besteirol totalmente desimportante.

O *Estadão* tinha um charme, claro. Era um jornal importantíssimo na época. E havia aquela tensão no ar, uma coisa inibidora. Mas, embora o presidente fosse o general Ernesto Geisel, estava começando a abertura geral, gradual, lenta, que iria desembocar nas Diretas Já, sob o general João Baptista Figueiredo.

É preciso dizer que eu vivi muitas contradições. Por exemplo: meu pai era empresário da construção civil, e o Lúcio Vieira, o delegado que era diretor-geral do DOPS/SP, chefe do Fleury, frequentava minha casa. Jogava bilhar com meu pai, que só andava com eles para ter influências e ampliar seus negócios. O próprio Fleury esteve lá... Imagina. Era um horror, eu ficava apavorado.

Um dia, eles falaram sobre a Operação Bandeirantes, que era uma coisa de empresários financiando perseguição de pessoas de esquerda. Mas essa contradição entre o que eu vivia em casa e a minha aproximação com os ideais libertários de jornalistas de esquerda que eu admirava me levou, mais tarde, a perceber que a solução para o Brasil não estava em colocar tanques e tratores na rua, mas sim o povo.

Foi por isso que me aproximei de Dom Paulo Evaristo Arns, o arcebispo de São Paulo. Num certo momento, no porão da Igreja da Consolação, eram recebidos os caras que apanhavam das forças repressoras. Eu comecei a ajudar, levando gaze, algodão, mertiolate etc., para fazer curativos em pessoas arrebentadas pelos carrascos da ditadura.

Rádio Atlântica

Na Rádio Atlântica, nós prestamos um serviço de cidadania, de consciência e sensibilidade políticas. Nossas críticas ao âmbito político local me levaram a pedir, em meu nome, uma intervenção na prefeitura. O prefeito daquela época, entre 1993 e 1996, um sujeito que só fazia coisas absurdas. Abusava das drogas tanto que esqueceu a prefeitura. Ia para um barco que havia comprado e lá ficava se drogando, fazendo orgias. É até interessante dizer que ele era gente boa. E foi justamente por isso que, quando pedi a intervenção, fui conversar com ele.

— Faço isso com dor no coração. Não sou do seu grupo político, mas você é uma pessoa boa. Só que você está doente. Vá procurar um médico. Desse jeito, você ainda vai para o beleléu. E perante o povo, você se desmoralizou completamente. A prefeitura está à deriva.

Ele só me respondeu:

— Eu ainda vou ser senador da República.

E então me ofereceu um cargo na prefeitura. Em troca, claro, de eu não pedir a intervenção. Disse que eu o estava atingindo e, para que parasse de fazê-lo, podia escolher a secretaria que quisesse. Respondi que não queria nada, só queria que ele parasse com aquela loucura. Ofereci-me para levá-lo a uma clínica de recuperação, onde ele se desintoxicaria. E garanti a ele que ninguém saberia disso.

Não aceitei o cargo para não me desmoralizar. Só queria que ele voltasse a gerir a cidade. Mas não adiantou nada o que fiz. Pois ele acabou com o dinheiro da prefeitura. E o pior é que não ficou rico. Ele deixou os grupos políticos roubarem em nome dele. Pegou todo o dinheiro do IPTU da cidade e usou para todo tipo de corrupção. Quando precisou fazer as obras de que a cidade necessitava, não havia dinheiro. Então passou a usar um mecanismo financeiro chamado Contribuição de Melhoria. Quando a prefeitura ia asfaltar uma rua, os moradores se cotizavam para pagar uma parte da obra. Mas ele estava tão louco que resolveu fazer uma Contribuição de Melhoria coletiva, abrangendo a cidade inteira, já que havia queimado todo o dinheiro. Eu o impedi. Denunciei a prefeitura na rádio, organizei uma base política consistente, a partir do meu cargo de suplente de vereador. Disse a ele que não ia fazer aquilo, e ele acabou não conseguindo.

Anos mais tarde, já fora da prefeitura, ele se envolveu com um assalto à mão armada. Foi assim: a filha dele se casou com o filho do maior ladrão de automóveis do país, um bandido que morava no Guarujá. A garota virou uma bandida também, claro. Um dia, o prefeito deixou esse pessoal ir à sua casa. Lá pediram umas pizzas e organizaram um assalto ao Banespa. Mas os caras estavam sempre bêbados, e deu tudo errado. Houve um tiroteio na porta do banco, machucaram uma policial militar que até hoje tem problemas no braço. E, percebendo que ia dar tudo errado, eles saíram correndo para a casa do prefeito. Só que ele morava numa região com estrada de terra. Os automóveis em fuga passaram pela estrada e deixaram uma nuvem de pó. Era tanta poeira suspensa que a polícia facilmente localizou os bandidos. Certamente que a prisão do genro interessava aos inimigos políticos do prefeito.

Eu dizia para todo mundo que o prefeito não tinha feito parte do assalto, que ele tinha capacidade para tal feito. Ele simplesmente deixou aquela turma organizar o assalto na casa dele e virou cúmplice.

Na Rádio Atlântica, eu falei sobre tudo isso. Falei que tínhamos que separar o joio do trigo. Que eu era um opositor feroz do prefeito, mas não era idiota a ponto de não entender a natureza humana. Se queriam a cabeça dele, havia outros motivos para obtê-la, motivos graves, relacionados ao descaso com a coisa pública. Este era o ponto que eu queria deixar claro.

Naquela época, eu tinha muita chance de ser prefeito, mas aí comecei a ser ameaçado. Foi um tempo em que mataram três vereadores na cidade. Eu era suplente. Eu me dava bem com os bandidos da seguinte maneira. Dizia:

— Bandido, você é bandido, fica longe de mim. E não distribui cocaína na porta da escola que eu vou te ferrar. Se você quer vender cocaína pro bacana que vem de São Paulo, que é um tonto, tudo bem. Mas na porta da escola, para transformar criança pobre em aviãozinho, não.

Falei com todos eles. Uma vez, na favela, reuni todos os bandidos. Disse que não era policialesco, que não ia lhes dar ordens, que eles sabiam o que estavam fazendo. Mas que não deixassem uma criança indefesa ser refém do crime, cheirar e vender aquela droga. Pedi que parassem de fazer isso.

— Volte para São Paulo, senão você vai morrer aqui. Sua mãe e seus filhos pequenos vão ficar inconformados.

Então eu fui embora. Mas fiquei quinze anos à frente da Rádio Atlântica. Nós a compramos em 1985, e nela fiquei até o ano 2000.

Nesse período, a bandidagem foi crescendo dentro do poder público. Aquele prefeito acelerou muito esse processo.

Quando foi feita uma campanha política contra ele, no fim de 1996, pelo outro candidato do qual eu era aliado, eu subia no palanque após o prefeito porque diziam que eu falava melhor que o outro candidato.

— Boa noite, povo, boa noite, pova da Vila Baiana.

E, como se não bastasse, emendou:

— Eu vou colocar uma escada rolante aqui para vocês subirem o morro.

Esse era o nível da conversa.

Eu fiz uma estrutura de trabalho naquele período em dois segmentos. Fui presidir a Associação de Engenheiros da cidade. E criei, dentro da Rádio Atlântica, um movimento pela cidadania. Estava fazendo um livro sobre a corrupção no Guarujá, que meu pai me aconselhava a não publicar, senão iriam me matar. É que já em 1996 a cidade estava envolta por uma corrupção lascada.

Houve, naquele ano, um problema ambiental muito grave no Guarujá. Ocorreu a ruptura do emissário submarino da cidade. O emissário era um duto que saía da praia e avançava quatro quilômetros e meio mar adentro, para jogar o esgoto no mar e dispersá-lo. O duto quebrou a quinhentos metros da praia. Toda sujeira saía ali.

Quando eu estava tomando posse na Associação de Engenheiros, um pescador me deu um bilhete em que escreveu: "Ói, nóis acreditamos nocê. Só tem canalha na cidade. Você não pode ajudá nóis, porque nóis tamo vendo esgoto solto lá na praia?".

Pouco depois eu fui à praia. Peguei um barco, mas não consegui chegar ao lugar do vazamento. Então pedi ao comandante da Base Aérea de Santos um helicóptero emprestado. Ele mesmo foi pilotando. Quando sobrevoamos aquilo, eram fezes para tudo quanto é lado. Uma enorme mancha marrom de esgoto... A dispersão a quinhentos metros da praia não garantia que o esgoto fosse diluído pelo decaimento bacteriano, pela circulação oceânica, maré, temperatura etc.

— Prefeito, estourou o emissário. Isso é um grave problema. As pessoas estão vindo do interior, vão se banhar nessa água e vão ficar contaminadas. As bactérias e outros elementos patogênicos vão se instalar no organismo delas. Vão ficar doentes e podem até morrer.

Ele me surpreendeu:

— Não, você não precisa fazer isso. As pessoas que vêm aqui são de Araçatuba, Ribeirão Preto e São José do Rio Preto. Elas vão se cuidar lá, nas suas cidades. E nem vão saber que ficaram doentes aqui.

Um grande canalha.

— Eu não estou com você nessa, eu disse. Vou abrir guerra contra você. A rádio vai começar a dizer quem você é.

Depois fui ao Ministério Público. Contei o que estava acontecendo ao promotor. Ele arregalou os olhos e ficou meu amigo. Me nomeou assistente do MP ad hoc no inquérito sobre as praias.

O governador na época era o Mário Covas. Não consegui contar essa história a ele porque as pessoas em volta do poder ficam toureando as pessoas que chegam. A verdade não chegava ao governador.

Além disso, a ruptura no emissário submarino, na verdade, já não tinha conserto. Você remenda o furo e o conserto, depois de um tempo, colapsa, não adianta. Uma onda mais forte uma hora arrebenta aquilo.

Mas eu queria falar com o governador e eu não era do PSDB. Então descobri que o Pedro, genro dele, era engenheiro do Porto de Santos. Um amigo meu ligou para ele e disse que eu queria lhe contar uma história importante, que o governador ignorava. Ele disse que seu sogro não queria nem saber o que ele pensava de política. Meu amigo explicou que não era um tema de política, mas de saúde pública. O Mário Covas acabou me recebendo na rua Guaibê, na Ponta da Praia, em Santos, na casa do Pedro. Era num fim de semana. O homem me esperava, ao lado de dona Lila, sua esposa. Eu disse:

— O senhor me desculpe a minha impertinência, eu sou o dono da Rádio Atlântica, para a qual o senhor já deu depoimentos, quando deslizou o morro aqui em Santos, porque o senhor era engenheiro da prefeitura, lembra? Pois bem. O que está acontecendo no Guarujá é uma loucura.

Contei sobre o vazamento e disse:

— Pessoas estão ficando doentes, se contaminam na praia porque o prefeito não quer isolar um trecho da orla para não criar problemas com os donos de hotéis, pousadas e restaurantes.

Me chamou de louco. Contei a ele que não sabia o que estava acontecendo, mas a equipe da Sabesp não estava dizendo a verdade a ele. Disse isso porque o Covas tinha um amigo íntimo que era diretor da Sabesp.

Então falei:

— Eu tenho a impressão, governador, que os caras querem ganhar tempo para fazer uma concorrência direcionada. Querem organizar a coisa para distribuir comissões para tudo quanto é lado.

— Eu vou apurar isso, hein, moleque — disse o Covas.

Eu, de fato, era muito jovem.

Tempo depois ele me chamou. O Secretário de Meio Ambiente era o Fabio Feldmann, aquele que redigiu o artigo 225 da Constituição, o qual versa sobre o meio ambiente. Um sujeito muito sério. E eu era amigo do Ricardo Tripoli. Com tudo isso, o governador abriu as portas para mim e disse:

— Eu vi que você tem razão, moleque. Os caras estavam me enganando. Eu vou mandar fazer um emissário novo, vou fazer uma política de despoluição das praias para eliminar as ligações clandestinas de esgoto que chegam na areia. Vai ser uma caça ao esgoto. Eu agradeço a você.

E fez, de fato, a maior campanha de despoluição das praias que São Paulo já teve. No fim daquela conversa, ele me disse:

— Agora você vai entrar no governo. Eu vou te nomear e você vai fiscalizar essa coisa toda para mim.

E aí fui nomeado para a Secretaria do Meio Ambiente do estado. Passei a exercer na Baixada o papel de fiscal do governo. E ninguém sabia, porque isso não estava escrito em lugar nenhum. Formalmente, eu era do Conselho de Desenvolvimento da Região Metropolitana, que tem nove cidades. Foi a única vez em que fui funcionário público na vida. Foi uma honra, porque tudo que eu falava o Covas levava em conta. Ele não me recebia no Palácio, só na casa da rua Guaibê.

Para o Ministério Público, fui assistente e reunia especialistas para estudar o emissário submarino. Não havia grana para pagar, e eu convenci especialistas da USP a ajudarem a gente de graça. Um deles era o Garcia Ockpint, um dos maiores especialistas em emissários do Brasil. Outro era o Sergio Eiger, doutor, professor da USP. Outro era o Ivanildo Hespanhol, especialista em descontaminação dos poluentes.

Nós mexemos até na questão de balneabilidade das praias, porque a Setesb tinha um critério para isso que era discutível. Havia um falso positivo e um falso negativo. Praias poluídas eram tidas por limpas e vice-versa. Nós bagunçamos o coreto, no bom sentido, para defender o interesse público.

O que era substancial nisso, no sentido do interesse público, fosse bom ou fosse mau, eu ia noticiando na Rádio Atlântica. Ela me ajudou e ajudou muita gente que era prejudicada pela ganância de políticos e empresários a enfrentar o descaso pelo povo que sempre assolou este país.

A COP15

O foco deste livro é uma reflexão sobre onde foi parar a mídia no Brasil. A verdade é que ela apodreceu. E, numa relação simbiótica, levou o Brasil consigo e/ou foi levada por ele a apodrecer. Pensando nisso, falamos da Rádio Atlântica, porque nela pude fazer algum serviço de interesse público na Baixada Santista, embora tenha sofrido sérias ameaças.

Nesse mesmo sentido, vou narrar agora o que veio a seguir, depois de 15 anos na Rádio Atlântica, quando fui para São Paulo e voltei para a Jovem Pan. Lá, fui convidado a fazer a cobertura da COP15, a Conferência das Nações Unidas sobre as Mudanças Climáticas de 2009, também chamada Conferência de Copenhague. Foi um evento interessante porque reuniu 115 líderes mundiais em busca de um acordo para a contenção do aquecimento global. Havia 40 mil pessoas lá, representando a imprensa do mundo inteiro, ONGs, entidades relacionadas ao meio ambiente etc.

Eu estava lá como jornalista, cobrindo o evento pela Jovem Pan. Naquela época, havia um objetivo principal: estabelecer metas de redução de emissões de CO2. Antes do evento, houve dois anos de negociações sobre um novo acordo climático, que tinha começado a ser construído em Bali, na Conferência das Nações Unidas sobre as Mudanças Climáticas de 2007. O que percebi foi que a COP15, reunindo aquele público espetacular, não conseguiu avançar. Foi uma frustração enorme. Isso se deveu ao fato de que o sistema de organização da ONU para o evento é ultrapassado, arcaico. Um sistema que não consegue refrear as ambições econômicas, principalmente dos países ricos, sempre mais ameaçadoras para o meio ambiente. E o que vi foi uma sucessão de discussões e embates entre países e blocos de países que não levou a nada de significativo (o que era provocado pelas grandes potências, pois não havia, da parte delas, nenhum interesse em fazer um acordo global).

O Brasil se alinhou com a África do Sul e os países do BRIC (Brasil, Rússia, Índia e China), e até os Estados Unidos estavam flertando com esse grupo.

O evento era muito grande: 115 líderes mundiais, 40 mil pessoas reunidas no Bella Center, em Copenhague. Um frio assombroso, num lugar lindo. A grande intenção dos blocos era que não se chegasse a um acordo vinculante, com força obrigatória, mas apenas a uma lista de recomendações. Os países defendiam a redução de emissões de CO2, mas não queriam se comprometer com nada, porque isso significaria a redução de sua atividade econômica e geraria insatisfação dos grandes grupos empresariais que comandam o jogo político no capitalismo, além de perda de poder estratégico, desemprego etc. Havia uma discussão muito grande sobre isso, inclusive.

Depois desses inócuos eventos oficiais, na madrugada, os acordos eram costurados. Então eu ia para os hotéis com um grupo de brasileiros, para ver os representantes dos países discutindo até altas horas, quatro, cinco da manhã. E no dia seguinte começava tudo de novo.

O evento oficial era muito chato. O interessante era um evento paralelo que reunia as ONGs, do lado de fora do Bella Center. Elas faziam manifestações e toda a verdade sobre os problemas climáticos mundiais aparecia ali. Lá dentro corria só aquele mecanismo de consenso: nada podia valer sem ser aprovado por todos. Se um país levantasse a mão e dissesse "eu não concordo", ele vetava aquele trecho do documento. O resultado era uma tremenda colcha de retalhos, sem poder efetivo de transformação.

Então, nas madrugadas, ficávamos naquela torcida, transmitindo para o Brasil as expectativas que surgiam das conversas informais entre os representantes dos países nos hotéis. Lá, fiz amigos com quem troquei minhas angústias e esperanças. Tive oportunidade de entender um pouquinho como o mundo pensa. E já naquela época cheguei a essa conclusão: do jeito que a ONU faz a discussão acontecer, fica muito difícil chegar a um resultado positivo. Países e blocos de países com visões antagônicas, visões diferentes do processo... Uns, pequenos e, portanto, pouco vulneráveis economicamente ao acordo, interessados nele na verdade por não sofrerem perda de produção ou poder; outros, grandes, mostrando interesse, mas preocupados de fato com a manutenção e o crescimento de suas máquinas capitalistas. Em princípio, todo mundo queria que o mundo não subisse 1,5° Celsius, buscando limitar o aumento da temperatura do planeta para não chegarmos àquele ponto de não retorno.

A Dilma Rousseff, que à época era Ministra-Chefe da Casa Civil, chegou a uma das reuniões, num grande hotel no centro de Copenhague, e perguntou por que o Brasil iria se comprometer a reduzir seus níveis de emissão se os países mais poluidores não se comprometiam a reduzir suas respectivas emissões. Ao final, as metas de redução do Brasil foram metas adotadas a partir de um compromisso unilateral, sem apoio e comprometimento das grandes potências.

Naquela época, a discussão girava em torno do desmatamento: como é que o mundo resolveria o aquecimento global trabalhando pela redução do desmatamento. E havia um grupo menor que discutia a questão dos transportes.

O grau de queima de combustíveis fósseis pelo transporte, mundialmente falando, já era astronômico. E o Brasil, com uma matriz de transportes concentrada em rodovias, levando 80% ou mais das cargas e das pessoas em cima de pneus, já era altamente gerador de gases de efeito estufa. Isso despertou em mim a vontade de discutir um Brasil não tão rodoviarista, em busca de um modelo de mobilidade muito mais ferroviarista. Percebi que vivíamos num país continental, gigante, e com uma concentração decisória em cima de pneus.

De lá para cá, essa minha percepção só foi crescendo. A FerroFrente, que ajudei a fundar e que defende a volta dos trens de passageiros e a ampliação da malha ferroviária para o transporte de cargas no Brasil, nasceu ali, de conversas na COP15.

Em Copenhague, eu transmitia os eventos pela rádio Jovem Pan. Nós tínhamos alguns boletins diários, dentro de um programa chamado S.O.S. Planeta, criado por mim. Como não tínhamos uma grande equipe, ao contrário dos grandes jornais do Brasil, que tinham três, quatro repórteres, e como o evento era muito grande, eu tinha que me valer da intuição: "acho que vou cobrir isso aqui, acho que vou ver aquilo lá". Eu não tinha smartphone, que havia surgido naquela época e já dava acesso à internet, permitindo aos jornalistas fazerem as coisas em simultaneidade com suas equipes remotas. Então, comprei um celular pequenininho e dependia dos computadores que estavam nas áreas de imprensa do Bella Center. Ali, ficava no meio de pessoas que falavam várias línguas e me ofereciam uma diversidade riquíssima de pontos de vista. Depois de fazer pesquisas e contatos nos computadores, através do telefonezinho que comprei, eu ligava para a técnica central da rádio e gravava os boletins. Do Brasil vinha sempre a pergunta: vai sair ou não vai sair o acordo? Eu respondia que tudo indicava que o acordo não iria sair (como de fato não saiu). Explicava que ele estava travado por falta de consenso.

O governador de São Paulo à época era o José Serra; a ministra do Meio Ambiente era a Marina Silva. Mas quem foi para a COP15 representando o presidente Lula foi a Dilma. Ela era a porta-voz do governo brasileiro. Mas tinha uma percepção aguda dos fatos, era muito rápida (ao contrário de hoje, depois do golpe, que compreensivelmente a deixou mais lenta). A delegação brasileira era a maior de todas. Lá, conheci representantes dos povos indígenas, que trouxeram discussões sobre as demarcações de seus territórios, lançando a semente daquilo que seria o Marco Temporal, tão questionado hoje por esses mesmos povos originários.

A Jovem Pan era então uma rádio que já tinha uma visão mais centrada nos negócios. Olhava o meio ambiente como um negócio, não como um princípio. Mas abria espaço para uma discussão franca, por isso é que eu estava lá. Não tinha, editorialmente, um posicionamento claro a favor do acordo climático, porque o mundo estava correndo risco etc. Não. Mas revelava uma posição muito mais progressista do que a Jovem Pan de hoje. Era uma emissora muito mais equidistante das polarizações, não havia nenhuma determinação contrária ao acordo climático.

Durante a COP15 inteira, fiz de quatro a cinco boletins por dia, durante uns vinte dias, passando muito frio, vivendo muita agitação. A gente sabia que o que acontecia no Bella Center era "oficialesco", que o que importava não estava ali, estava nas ruas, nos hotéis, onde as coisas fugiam ao controle da ONU. A gente tinha esperança no coração, mas a razão não podia negar o que os olhos estavam vendo. Havia um objetivo principal, que era que o mundo estabelecesse metas de redução de emissões, para que a temperatura média da Terra não subisse além de 1,5° Celsius. Só assim os oceanos não continuariam subindo com o degelo das calotas polares. Mas não se chegaria a um consenso. Então, eu me dividia entre aquele Dom Quixote que ficava feliz com estarmos lá discutindo algo crucial para a vida no planeta e o Sancho Pança que via a realidade: uma mecânica absolutamente castradora no evento, impeditiva mesmo. Por exemplo: saía lá um texto bacana e começavam as discussões. As delegações iam levantando as suas objeções e surgiam os "colchetes". Tudo que estava entre colchetes no texto havia sido objetado e não estava aprovado. E todos os textos ficavam cheios de colchetes.

Claro que havia uma força enorme a favor do acordo, uma simpatia do mundo inteiro, uma expectativa gigante. Mas a dura realidade, em meio àqueles embates, àquelas longas discussões entre blocos de países, era que não havia possibilidade de negociação, para o desânimo de todos que tinham bom senso e desespero de alguns. Lembro-me de um pequeno estado chamado Tuvalu, da Polinésia, uma região de nove ilhas e atóis que tem tendência a desaparecer com a subida do nível das águas dos oceanos. Então você ouvia falas de países que estavam ali defendendo sua própria sobrevivência, enquanto território e enquanto nação. Mas que, no conjunto de forças, passavam muito longe do poder decisório, sob o comando das grandes potências. E ouvia falas de países fortíssimos, como a China e os Estados Unidos, os grandes poluidores mundiais, que não queriam assumir responsabilidades. O próprio Obama não assinou o acordo, nem mesmo o acordo recomendatório, que, sob determinadas condições, o Brasil assinou.

Surgiram discussões importantes, claro. Discussões de ordem bioética e geopolítica. A questão era como limitar as nações em suas pretensões econômicas, criando um ambiente colaborativo mundial, em que a vida e, sobretudo, a existência e sobrevivência da humanidade estivessem no primeiro plano; em que todos olhassem para as gerações futuras e observassem que, se o mundo nada fizesse, estaríamos flertando com o desastre final. E nós saímos de lá com o desastre engatilhado.

Depois daquele evento, houve outras COPs, sempre muito difíceis. Paris, Cancún etc. Nada até agora foi efetivamente resolvido, e a iminência do desastre ainda nos assombra.

Na COP15, houve um acordo entre Brasil, China, Índia, África do Sul e os Estados Unidos. Havia muita vontade de fazer as coisas, mas tudo esbarrava num mecanismo (talvez intencionalmente) ultrapassado. Um exemplo: há um momento em que participam deste tipo de evento os técnicos de cada país, especialistas em meio ambiente que trazem uma visão lúcida e boa disposição em resolver o problema climático mundial. São eles que carregam o piano, mas, obviamente, a visão técnica é muito limitada politicamente. Depois, há o momento do encontro dos ministros do Meio Ambiente, que trazem uma decisão mais comprometida com a política, a economia e o poder de seus países, e que apertam o gatilho numa outra direção. Devido a isso, a situação era — e continua sendo — complexa.

A Jovem Pan me mandou para estar no centro desse negócio todo. Esta foi a Jovem Pan que eu vi, que eu vivi. Não tinha nada a ver com isto que a gente vê nos dias de hoje. Podemos nos perguntar o que aconteceu. Acho que, em todos os veículos de imprensa, é necessário haver uma certa liturgia, uma certa metodologia em que os valores principais são intocáveis. Quando o tempo passa e as sucessões de comando vão acontecendo, esses valores precisam ser mantidos, precisam ser enxergados como motivadores de um comportamento no dia a dia da pauta jornalística. E a Jovem Pan esqueceu o que ela sempre defendeu, que eram valores democráticos, mesmo sendo ela uma rádio de centro. Porque, como eu disse, ela pelo menos mantinha uma certa equidistância das polarizações de esquerda e direita. Com o envelhecimento do diretor da emissora, o seu Tuta (Antônio Augusto Amaral de Carvalho), que adoece logo depois de sair de lá o Fernando Vieira de Mello, o diretor de jornalismo, surge uma nova geração sem esses compromissos éticos. Os sucessores colocaram o lucro acima de tudo, pois não acham que vale a pena tomar uma atitude estratégica em que o lucro seja menor, mas seja possível fazer alguma coisa pelo país. Por conta do meu posicionamento sou taxado de comunista, de vermelho e, claro, jamais teria lugar na Jovem Pan de hoje.

Nunca fui comunista, mas, em função dessa visão centrada só no lucro, tanto na mídia, que de forma geral se afastou daqueles valores (veja a *Folha de São Paulo*!), quanto entre as empresas que controlam o sistema ferroviário, fui me aproximando cada vez mais da esquerda. Precisamos barrar esse egoísmo que só visa interesses pessoais, e a direita brasileira cada vez mais o tem reforçado.

Um dia, vi uma entrevista com um político chinês em que perguntaram o que ele achava da Revolução Francesa. Ele respondeu que era muito cedo, historicamente, para a gente dizer alguma coisa. Ou seja, o chinês tinha uma visão dos resultados históricos e éticos a longuíssimo prazo. Por isso nós, brasileiros, na mídia e na sociedade civil de forma geral, precisamos valorizar aspectos éticos que não são negociáveis, que devem perdurar para que a sociedade não fique ao vento da ganância circunstancial de quem sequer se preocupa com a sobrevivência do planeta.

SOS Planeta

Quando eu saí da UNIP (Universidade Paulista), em São Paulo, onde era diretor de alguns campi, saí abatido. Não é fácil deixar uma instituição de ensino; trata-se de um trabalho apaixonante. A UNIP era muito grande, havia intrigas internas, mas eu estava muito envolvido com tudo lá. Foi há praticamente 20 anos. Hoje, tenho uma experiência muito diferente da que tinha naquela época e faria tudo de outra forma. Mas, enfim, os campi estavam em pé de guerra com os vizinhos. Os alunos estacionavam os carros nos prédios da vizinhança, faziam barulho na frente das casas das pessoas etc. Procurei então criar um mecanismo para apaziguar a relação da universidade com a população local, que odiava aquela instituição.

Comecei a ouvir as reclamações e sugestões, e descobri que a UNIP tinha um potencial enorme para prestar serviços públicos de graça. Por exemplo: fisioterapia. Descobri que ao redor da universidade havia muita gente com incontinência urinária, problemas físicos decorrentes de traumas ou do próprio envelhecimento, entre outras limitações físicas. Montamos dentro da UNIP um setor à disposição daquele público específico. Também atuamos na área de vocação profissional, mostrando às pessoas em fase de desenvolvimento o que existia dentro ou fora da universidade, o que poderiam fazer na vida profissional delas. Não fazíamos testes, que na área vocacional são uma bobagem, mas dávamos orientações a partir de conversas. Isso tudo, além de prestar importantes serviços públicos, apaziguou nossa relação com a comunidade em que estávamos inseridos.

Posso dizer que meu trabalho na Jovem Pan, tanto antes quanto depois da UNIP, assim como os trabalhos na minha rádio, a Atlântica, e depois na própria universidade, tiveram um denominador comum: a prestação de serviço público. Sempre achei importante e interessante essa missão. No caso das rádios, é preciso lembrar que elas são, afinal, uma concessão pública de radiodifusão. Isso, a meu ver, estabelece para elas um compromisso social que não pode se resumir ao lucro. Elas devem ter uma preocupação com a possibilidade de a sociedade interagir nas questões de interesse comum.

Neste capítulo, vamos nos concentrar no meu trabalho no retorno à Jovem Pan após a UNIP. Lá, desenvolvi o programa SOS Planeta, voltando às questões ambientais para as quais despertei na COP15, na Dinamarca. O SOS Planeta nasceu com a ideia de pensar um serviço público de radiodifusão de extrema importância.

Quando cheguei novamente à Jovem Pan, há vinte anos, o dono, o Tutinha, me perguntou o que eu queria fazer. Disse a ele que queria falar de meio ambiente. Este tema, naquela época, ainda não era obrigatório como hoje, quando o mundo inteiro se volta para o problema, que é de uma transversalidade óbvia. Naquela época ainda havia um certo tabu, porque o meio ambiente era visto (como ainda é, por alguns segmentos retrógrados) como um estorvo. E, na verdade, era — e é — uma questão central para o planeta e a civilização.

Sugeri então ao Tutinha criarmos um programete de rádio, no qual eu pudesse entrar fazendo boletins que informassem sobre as questões do meio ambiente e, eventualmente, entrevistas. Queria uma linha pedagógica, mas não uma coisa chata, do tipo

“Você sabia que...?”, e sim algo que desse informação precisa para desenvolver o senso crítico e criar engajamento. Os temas estariam conectados com os acontecimentos recentes e mostrariam coisas que tinham sentido para a população, porque a atingiam diretamente. E assim foi. Se eu falava de biomas, por exemplo, mostrava, além da necessidade urgente de preservá-los, o grande potencial químico e industrial que eles representam para o país, que deve explorá-los com grande consciência ecológica e sem entregá-los para exploradores estrangeiros.

Isso me levou para outra questão, que é a soberania. O que é um país soberano? É um país que decide a sua própria vida. Sem soberania, uma nação está sujeita às forças que a vão financiar, que vão lhe fazer exigências e roubar suas riquezas inescrupulosamente. Mostrei no programa que era impossível falar de meio ambiente na Amazônia sem soberania. E que, por outro lado, era impossível ter soberania sem investir em ciência, tecnologia e inovação. Falei que não adiantava ter uma polícia fronteiriça achando que isso bastava, porque só iríamos manter a soberania se tivéssemos gente do Brasil trabalhando lá e gerando riqueza de forma sustentável, sem acabar com o equilíbrio complexo e vital da floresta. Fazendo tudo de uma maneira inteligente, cresceríamos de modo saudável e até o mundo diria “muito obrigado”.

A proposta era essa. Deu certo por sete anos, até que a Jovem Pan começou a mudar de interesse.

Desde o início, havia uma coisa muito difícil de enfrentar, que era o interesse econômico e financeiro imediato. Eu lhes dizia que o meio ambiente não dava retorno imediato, que estávamos fazendo um trabalho de informação, educativo, focado nas futuras gerações. Um trabalho sério, envolvendo questões como esta, recente, sobre se é permitido ou não construir usinas hidrelétricas na Amazônia ou explorar petróleo naquele santuário ecológico. Existem limites, e eles precisam ser discutidos, sempre.

No começo, a rádio permitiu que eu fizesse esse tipo de debate. Mas depois as questões financeiras se sobrepuseram. O que, como sabemos, aconteceu mais tarde com toda a mídia brasileira, que trocou de vez a consciência cidadã pelo lucro, a ética pela ambição, a verdade pela mentira lucrativa.

Quando estive na Dinamarca, na COP15, o assunto era o desmatamento no mundo. O Brasil e outras nações com grandes áreas de floresta estavam na berlinda. Já na época do SOS Planeta, o tema central era o transporte modal. Eu batia firme nessa tecla. Se o mundo inteiro fazia o transporte ferroviário de passageiros funcionar, por que o Brasil estava tão atrasado, usando só as rodovias, que são muito mais dispendiosas e poluentes? Só o Brasil faz isso, ainda hoje. Até a Índia usa as ferrovias para transporte de pessoas, por mais antigos e superlotados que sejam os trens. É um país com uma população gigantesca, mas sempre apostou nos trilhos e hoje está buscando recursos do Banco Mundial e das agências de fomento europeias para melhorar as ferrovias. Está conseguindo.

A Europa, neste momento, está com um grande projeto para conectar os trens de alta velocidade. Os da Espanha, por exemplo, não se comunicam com os da França, e assim por diante. Mas a Europa está querendo resolver esse problema. Chegou à conclusão de que o transporte ferroviário custa menos e é bem menos agressivo ao meio ambiente. Eles estão, inclusive, pensando em como tornar mais acessíveis as passagens, porque ainda são muito caras. E o Brasil? Não está nem aí com isso. Favorece o transporte ferroviário de cargas em detrimento do transporte de passageiros, segue o velho modelo rodoviário e não tem nenhum projeto para resolver o problema.

Eu tocava nesse assunto já naquela época, na Jovem Pan. Eles me davam muita liberdade para escolher os temas. Meu programa entrava no Jornal da Manhã, que era um programa extenso da rádio. Havia algumas dificuldades. Eu não tinha horário certo na grade, que priorizava as notícias importantes do dia. O SOS Planeta às vezes era jogado para o final da grade, por seu caráter educativo menos impactante e, portanto, menos lucrativo. Alguns dias eu nem entrava no ar. Mas eu tinha que entender isso. E resistir.

Lembro-me de alguns temas que abordei naquele período: o transporte modal inteligente, a balneabilidade das praias, a qualidade da água de beber, a descarbonização do transporte público, o problema do desmatamento terrível da Mata Atlântica, que cobre todo o nosso litoral, e a conexão do ataque ao meio ambiente com a saúde humana, através da mutação do clima, que pode gerar doenças pulmonares etc. Se eu não fosse chato, se não me tornasse abstrato, podia tocar em qualquer assunto. E havia alguma interação com o público; as pessoas mandavam perguntas. Mas o programa era curto e, embora a rádio já tivesse site, ele não era interativo, era apenas institucional. Acho que isso foi até uma falha. Eu devia ter forçado a abertura de um canal maior com a população.

De qualquer forma, no SOS Planeta havia uma preocupação com uma coisa chamada cidadania ambiental, que envolve a cidadania planetária. Dizíamos a alguém que vivia numa cidade grande que os seus problemas de saúde ou de transporte, por exemplo, estavam relacionados ao meio ambiente, o qual está totalmente conectado a questões econômicas. E que aqueles problemas não eram só dele, porque o que ele vivia era a repercussão de uma crise de vastas proporções advinda da política pública de ocupação do solo, que favorece o lucro de uns poucos ao concentrar as populações trabalhadoras nos grandes centros urbanos — jogando-as, inclusive, cada vez mais para as periferias.

O programa queria que os ouvintes percebessem que tinham o direito de botar a boca no trombone. Dava-lhes argumentos para isso. Queríamos que o povo falasse: "Estou aqui na linha tal do metrô, depois de pegar um ônibus lotado, sujo"; "Por que estou com os olhos ardendo, por que essa poluição toda?". Mas a rádio queria uma informação curta, anódina, decorativa, da qual o empresário gostasse, porque era ele quem dava grana para os donos da concessão pública... Na verdade, era uma rádio para a elite.

Nós tínhamos que ter uma equipe, para ir para as periferias entrevistar as pessoas. Mas eu não tinha nem a oportunidade de pautar a reportagem. Era um programa muito restrito. Às vezes eu resolvia isso no peito e na raça. Houve uma vez o caso de uma empresa poluente na Zona Leste, que funcionava no distrito de Ermelino Matarazzo. E lá fui eu, para conversar com os diretores da empresa. Fui porque a empresa poluía o ar, o solo, o meio ambiente de forma geral. Fiz pressão sobre eles, coloquei o programa no ar, mas nada foi resolvido.

Outra coisa que eu fiz foi uma campanha para descobrir qual era a qualidade da água de beber que era envasada. Descobri que havia empresas de grande porte que tiravam água das profundezas, vendendo aquilo como água natural, de fonte. Uma empresa que ficou furiosa comigo por isso foi a Petrópolis. Eu esclareci que a água não vinha de Petrópolis, da região pura da serra, mas era tirada do solo e envasada na Zona Sul de São Paulo, onde houvera em outros tempos uma indústria atômica militar. O solo estava poluído. Denunciamos isso. Eu acionei a Vigilância Sanitária e o Procon de São Paulo, mostrando a propaganda enganosa.

A Jovem Pan me permitiu esse tipo abordagem, apoiando-me em matérias fortes, bem pautadas e críticas, mas só até um certo ponto. Porque sempre havia um limite, e este limite eram os interesses dos anunciantes. Uma empresa desmascarada, por exemplo, ia ao comercial da rádio para dizer que iria anunciar na Jovem Pan, porque como cliente calaria a boca dos jornalistas a seu respeito. Havia sempre essa tensão entre a ética e a grana no ar. Vou dar mais um exemplo referente a uma empresa de logística ferroviária. Através das empresas do seu grupo, ela é uma inibidora de matérias que sejam críticas aos seus interesses. Ela patrocina corridas de pedestres, programas de saúde ligados a comunidades ("Estamos aqui preocupados com a saúde humana") etc. É terrível, porque é uma empresa monopolista, predatória. Para um desavisado esse discurso pode cair bem, e cai. Mas quem está no ramo sabe que é só manipulação. A gente sabe que essa mesma empresa também é um grande braço do agronegócio. E o agronegócio, como sabemos, é um dos maiores agressores do meio ambiente no Brasil. Quem agride o meio ambiente agride o ser humano, sua vida. Não está "preocupado com a saúde humana".

A Jovem Pan às vezes me chamava para dizer que algum empresário tinha ido ao comercial da rádio para reclamar de uma matéria que eu fizera. Eu achava bom, porque tinha causado algum impacto naqueles negócios inescrupulosos. Mas o comercial me dizia para maneirar, porque a tal empresa podia vir a ser um bom anunciante, estava na lista dos prospects etc. Eu respondia que ela podia pagar um comunicado, dizendo que não era uma agressora do meio ambiente. O resultado dessa conversa era que eu tinha que me calar.

No SOS Planeta eu falava de várias questões relacionadas ao meio ambiente, como a poluição sonora, os ruídos da cidade ocasionados pelo crescimento urbano desordenado. Outra preocupação que eu tinha, em sintonia com o SOS Mata Atlântica, era a de defender as matas ciliares. Ao matar o entorno do rio, vamos matando o rio. Por esse motivo, eu viajei com o SOS Mata Atlântica me embrenhando pelas matas e rios, conheci sapos que nem podia imaginar que existiam, entendi melhor a riqueza e a conexão do ecossistema com toda a vida no planeta. E o quanto o capitalismo, com sua voracidade infinita, agride pontos vitais da natureza, que nos gera e abriga.

A verdade é a seguinte. Se você não pensar num projeto econômico, político e social estratégico para garantir a sustentabilidade, você não está falando em ecologia, está só se mostrando "verde" para angariar a simpatia da mídia e do público. Está sendo perfunctório e não está entrando no mérito, que passa pela legislação, por dar limites ao capital. E mostrar-se "verde" é o que fazem muitas empresas predatórias, com apoio inclusive dos respectivos governos, devidamente aliciados por elas. Denunciamos na rádio esse mecanismo, explicando que certas empresas ditas "verdes" apareciam bonitinhas na mídia só para esconder crimes ecológicos. Mas, de modo geral, isso não acontece: o jornalismo costuma ser pautado pelas próprias empresas anunciantes, que ele deveria vigiar de uma distância segura.

Na época do SOS Planeta, a Marina Silva era ministra do Meio Ambiente. O ambientalista João Paulo Capobianco era o seu secretário executivo. Um homem muito sério, que a ajudou a pensar num modelo de desenvolvimento econômico realmente sustentável. Oded Grajew estava com eles, uma fera no assunto. Era uma equipe realmente preocupada com o meio ambiente, uma equipe técnica, firme.

Naquele tempo, a gente colocava a Marina Silva no ar no SOS Planeta. Ela era sempre precisa, assertiva, porque era qualificadíssima. É a grande referência mundial em meio ambiente até hoje. Mas aqui no Brasil, em muitos eventos, ela era colocada de lado, como se não fosse ninguém, enquanto no exterior era a mais procurada pela mídia. Hoje parece que o Lula acordou para isso, defendeu recentemente a Marina de uma pressão dos setores conservadores, sempre violentos com o meio ambiente porque só pensam em resultados financeiros.

Menciono tudo isso porque a questão do desenvolvimento sustentável deve ser gerida por pessoas com alto conhecimento técnico e muita força política, uma vez que vão enfrentar os piores obstáculos: chantagistas de direita que estão mais preocupados em tirar da terra e do homem o que eles possam dar, mesmo que o custo disso seja a ameaça à vida no planeta.

Parte 2

Entrevistas com jornalistas independentes

Heródoto Barbeiro

Heródoto Barbeiro (São Paulo, 28 de março de 1946) formou-se em História pela Universidade de São Paulo (USP). Foi professor de história contemporânea na própria USP e no Colégio Objetivo. Em 1980, junto com Leonel Brizola e Terezinha Zerbini, participou da fundação do Partido Democrático Trabalhista (PDT) em São Paulo. Depois de 25 anos lecionando, mudou de profissão e tornou-se jornalista. É âncora do Jornal da Record News, editor do Blog do Barbeiro no R7.com. Foi âncora do Jornal da CBN e do Roda Viva da TV Cultura. Recebeu os prêmios Ayrton Senna, Líbero Badaró, APCA, UNICEF, Comunique-se e Ateneu Rotário, entre outros. Tem livros publicados nas áreas de História, Jornalismo e Comunicação.

José Manoel:

Você fazia parte do Jornal da Manhã na Jovem Pan. Foi assim que eu te conheci. Eu era um garoto, um foquinha, mas vi a mídia toda decaindo. Ela entrou numa política de ódio, movida quase somente por interesses financeiros. Sei que você conhece a mídia de trás para frente. Foi diretor da CBN, do Sistema Globo de Rádio aqui em São Paulo. Comandou durante um bom tempo o Roda Viva, na TV Cultura. Hoje faz o programa da uma hora da tarde na Record News. E continua fazendo rádio, na Nova Brasil. E é sobre isso que eu quero falar com você: como é que nós chegamos a essa política de ódio?

Heródoto Barbeiro:

Nós estamos vivendo um período que, como você sabe, é o período da chamada quarta revolução industrial. Ou seja, é fato que a sociedade está mudando muito em função da digitalização. Essa digitalização tem um efeito extraordinário, e nós ainda não sabemos aonde ela vai nos levar. Não sabemos, só sabemos o momento em que estamos vivendo agora. Mas mudanças na sociedade, como você sabe tanto quanto eu, sempre ocorreram.

Qual é a diferença entre a primeira, a segunda e a terceira revolução industrial? É que elas promoveram mudanças numa velocidade menor do que a dessas que nós estamos vivendo agora. Então, o que difere a quarta revolução industrial das demais é a velocidade. Tudo muda muito rapidamente e muitas vezes nós não estamos ainda devidamente preparados para entender o que está se passando. Eu estou me referindo tanto ao conteúdo da mídia de uma maneira geral quanto, no extremo, à substituição das pessoas na redação das notícias por Inteligência Artificial.

Li recentemente que no Brasil publicam-se 340 mil exemplares de jornais impressos por dia. É muito pouco, num país de 203 milhões de pessoas. A chamada plataforma de tinta em papel está morrendo. Vai morrer mesmo. Mas o que me deixou mais preocupado nos últimos tempos foi uma pesquisa que vi no *Poder 360*: também está diminuindo o número de assinaturas digitais de jornais no nosso país. Isso está na contramão do que acontece em outros lugares do mundo, principalmente nos Estados Unidos, onde alguns grandes veículos de comunicação, como o *The New York Times*, têm mais assinantes digitais do que de tinta em papel. Aqui está acontecendo esse fenômeno. E talvez esteja se aprofundando em função do acesso fácil que as pessoas têm à informação nas plataformas digitais. E é isso que está, de certa forma, conturbando aqueles princípios básicos, éticos, fundamentais, sem os quais a gente não faz jornalismo.

José:

Isso abala a credibilidade da mídia.

Heródoto:

Totalmente. Vou até citar um exemplo. Todos nós acompanhamos o caso em que um torcedor do Flamengo jogou uma garrafa que matou uma torcedora do Palmeiras. Todos os veículos divulgaram o nome e a foto do rapaz, esculhambando o sujeito. Aí veio a polícia e disse que não era ele o culpado. Várias vezes eu disse publicamente que, se não era ele, aquilo tinha sido um assassinato de reputação. Ou seja, a mídia está sendo impulsionada pelos blogs, pelos influencers, sei lá o nome que a gente pode dar para esse pessoal. Nada contra, desde que tomassem aquele máximo cuidado fundamental que todos nós sabemos que um jornalista deve ter. E antes de publicar alguma coisa, fizessem aquela pergunta crucial: será que é verdade? E a gente não faz.

José:

Isso que você está falando, de as pessoas ficarem ciscando na internet em busca de informação jogada por alguém famoso ao vento, não torna a imprensa clássica mais distante ainda do público? O jornalista que vai checar a informação, eticamente, e escrever uma matéria bem escrita e bem embasada estaria perdendo o lugar para esses disseminadores de fofoca?

Heródoto:

Exatamente. Você tocou no ponto central. Sabe que todo dia de manhã, quando abro o jornal lá na rádio, às 7h30 da manhã, eu digo: "Anota aí o nosso dote: jornalismo é o exercício diário da inteligência e a prática cotidiana do caráter. Assinado Cláudio Abramo." Todo dia eu digo isso. Mas meus colegas não ouvem. Nós temos que verificar se a informação é verdadeira, temos que checar a integridade da fonte, temos que pensar nas coisas que vamos dizer. Mas não é o que acontece hoje. Hoje as redações também funcionam no copia e cola. Abrem os portais, não investigam se aquilo aconteceu ou não, e reproduzem a notícia. Isso toca diretamente naquele ponto de que você falou, que é a questão da credibilidade.

José:

Nessa luta por audiência, por leitor a qualquer preço, os caras se colocam numa armadilha: a de usar qualquer expediente para aumentar a visibilidade e o volume de grana. Porque no fundo é grana o que eles querem. Para isso chegam a fazer uma campanha de ódio. A gente checava a informação. Agora todos os grupos de mídia estão usando fake news?

Heródoto:

Eu acho que estamos passando por essa fase que você acabou de descrever muito bem. Mas isso é voo de galinha. Eu, por exemplo, leio todo santo dia o site da *BBC*, o site da *Deutsche Welle*, pelo menos três sites internacionais. Não há outra forma de fazer jornalismo. A *BBC*, por exemplo, sobrevive desde 1923, primeiro no rádio, depois na televisão e agora também na internet porque tem credibilidade. Quando meus colegas de trabalho me contam alguma coisa para eu publicar, eu digo sempre: "Espera um pouquinho, deixa eu ver aqui na *BBC*." Se todo mundo está dando a notícia, mas a *BBC* não, eu também não dou. Porque fiz estágio lá e aprendi o seguinte: eles só publicam se houver três fontes dizendo que aquilo aconteceu. Se não, não publicam.

O que está acontecendo é que a internet está dizendo algo muito diferente: "Vamos dar a notícia primeiro." É uma loucura. E quando há um erro grave, como no caso da morte da torcedora do Palmeiras, ninguém fala nada, ninguém corrige, ninguém se retrata. Por quê? Porque simplesmente pegamos o código de ética e colocamos debaixo do tapete.

José:

Eu lembro também de um episódio que ocorreu na Escola Base, em São Paulo, no ano de 1994. Acabaram com a reputação dos donos da escola sob acusação falsa de abuso sexual contra crianças. A mídia mentiu para vender escândalo, a polícia se sentiu pressionada pela televisão e a escola chegou a ser fechada.

Heródoto:

Sim, resumidamente, nós cometemos o assassinato da Escola Base e, principalmente, da reputação dos educadores. Foi um dos maiores exemplos de irresponsabilidade da mídia.

José:

Nós somos do tempo da radiodifusão que tinha responsabilidade social. A gente tinha consciência de que exercia um papel sério junto à sociedade. E, de modo geral (com exceções, claro), havia uma distância maior entre a atividade política e a atividade da rádio, do jornal, da TV. Hoje quase não há distância. Por que agora a mídia só faz o jogo da política?

Heródoto:

Meu amigo, é o seguinte: se você fizer política partidária, você não faz jornalismo. Se fizer política pública, aí sim. Mas política partidária, seja de esquerda, direita ou qualquer outra ideologia, acaba com o jornalismo. O que eu posso fazer é separar na minha plataforma, seja ela qual for, aquilo que é informativo daquilo que é opinativo. E dizer que aquela é a opinião do senhor fulano de tal. Tudo bem, é a opinião dele. Mas programação político-partidária não é jornalismo. Dá para fazer talk shows, por exemplo, para ouvir as opiniões políticas. Não tenho nada contra, porque quem tem a última palavra é o público. Mas ainda assim, isso não é jornalismo.

José:

A gente vê uma decadência dos grandes grupos de mídia, em função do modo de atuar da internet e da falta de critério ético, essas coisas de que você está falando. As novas gerações estão preparadas para enfrentar isso? Porque o mundo ficou mais complexo.

Heródoto:

A sua pergunta eu respondo com a história da Kodak. No nosso tempo, a gente tirava foto com filme. Até brincávamos a respeito do fotojornalista que ia fazer a matéria conosco: "Dá uma chapa treze pra ele aí." Porque o filme da máquina só tinha doze poses. Um dia, alguém disse para a Kodak: "Olha, essa é a câmera digital." A Kodak olhou aquilo e achou que não iria funcionar. Pois bem, a Kodak acabou. Outro exemplo: quem hoje usa Polaroid?

Com isso, eu quero dizer que, se você não acompanha o que está acontecendo, em qualquer setor da sociedade, não só na mídia, você já está acabado. As novas gerações precisam acompanhar os fatos e buscar novas soluções para os novos problemas.

José:

Quando fui para o Estadão, fiquei oito meses lá. Depois comprei a Rádio Atlântica e fui embora para Santos. Mas, lá no Estadão, conheci uma fera do fotojornalismo que era o Domício Pinheiro. A gente brincava na redação que, para onde ele dirigia a câmera,era lá que ia se dar um grande acontecimento. Ele captava fratura de jogador de futebol, quebra de viaduto, gente despencando de prédio em chamas, uma loucura. Você acha que o fotojornalismo deixou de lado esse lado, digamos assim, heroico?

Heródoto:

Deixou. Por quê? Porque qualquer um fotografa, filma. Qual é o perigo disso? Primeiro, que as fotos podem ser feitas por pessoas que não estão formadas suficientemente no jornalismo para saber o que se pode divulgar ou não. Segundo que, graças à Inteligência Artificial, é possível montar qualquer coisa. Basta ver aquele comercial com a Elis Regina dirigindo uma Kombi.

Desconhecimento e infinitas possibilidades de construir a imagem: esses são grandes perigos.

José:

Você concorda comigo que os jornalistas hoje, de modo geral, estão escrevendo pior, de uma maneira mais rasa? E isso não contribui para que trabalhem mais a soldo do patrão, uma vez que só se deixam levar pela velocidade e pelo impacto da notícia?

Heródoto:

O pessoal está escrevendo muito pior. Não estou aqui dizendo que a nossa geração é melhor do que essa, não é isso. É apenas uma constatação. Eu frequento duas redações todo santo dia. Leio o que o pessoal escreve. É muito ruim. Se você chegar a uma redação e perguntar para o cara qual livro ele está lendo, vai descobrir logo que ele não lê nada. Mas quem não lê não escreve.

O que eles fazem então? Só leem as manchetes que estão na internet e reproduzem o que acham que devem reproduzir. Uma pessoa que tem essa formação tão frágil, mesmo que quisesse fazer manipulações políticas, não conseguiria. Não tem *background*. Não vou dizer que isso é geral, mas é o que conheço no dia a dia.

José:

Você é historiador, Heródoto. Sabe que a história é cíclica, não é evolutiva. Daí eu pergunto: a mídia vai ultrapassar esta turbulência?

Heródoto:

Vai. Sem dúvida alguma. No que eu me baseio para dizer isso? Nos países capitalistas mais avançados do que o nosso. Você acha que o *The New York Times* vai acabar? O *Financial Times* vai acabar? Não. Porque são publicações centenárias que se renovam, que entendem o que está acontecendo na sociedade.

José:

Na sua opinião, cabe aos governos investirem na mídia?

Heródoto:

Eu acho que os governos não deviam investir nada. Porque você vê prefeitura fazendo campanha pois no ano seguinte vai haver eleição. E nós, enquanto cidadãos, não entendemos o seguinte: aquela grana sai do nosso bolso. Achamos que sai do bolso da prefeitura ou dos governos estaduais e federais, mas não, claro. Sai do nosso bolso.

Precisamos amadurecer como cidadãos e reclamar do que é feito para determinados grupos com o nosso dinheiro. E nós temos o direito de saber tudo. Vou lhe dar outro exemplo. Entro, às vezes, no Portal da Transparência. Esses dias vi que um senador gastou 400 mil reais com almoço e janta no primeiro semestre deste ano. Eu entro lá e digo o que penso sobre isso. Qualquer cidadão poderia ter essa consciência de ir olhar o que acontece e se manifestar. É a única maneira que a gente tem de brecar esses caras. É o papel da sociedade civil. Sem cidadania a gente não vai chegar a lugar nenhum.

José:

Você acha que pode acontecer de as pessoas se cansarem da superficialidade da mídia e buscarem as fontes mais seguras?

Heródoto:

Sim, eu acho que as pessoas vão procurar as mídias mais seguras. Estou novamente me baseando no que acontece fora do Brasil, onde as pessoas têm um senso de cidadania maior. Infelizmente, nós não temos. E os jovens estão saindo das faculdades mal sabendo ler e escrever. Claro, o cara pode ser analfabeto, mas ser um bom cidadão. Mas, com cultura, ele vai ser um cidadão melhor ainda, vai ter mais condições de julgar as coisas.

Infelizmente, nós estamos nesse estágio e eu não sei quanto tempo vai durar isso, até que os brasileiros amadureçam como cidadãos. Apenas um setor da sociedade já está nesse ponto. Se não, nós não estaríamos conversando sobre o assunto.

José:

A ideia de regular a mídia era uma preocupação que já vinha dos governos anteriores do PT e agora voltou à baila, mas ainda de uma maneira fraca. É preciso haver sindicatos defendendo os profissionais, associações discutindo e defendendo a profissão. Mas não seria preciso haver também um tribunal de ética para o jornalismo?

Heródoto:

Vamos pegar o exemplo inglês. Eles não têm nenhuma dessas associações. Existe um tribunal de ética, sim, mas ele é formado, em cada cidade, pelos editores-chefes dos principais veículos de comunicação. Se, porventura, o conselho entender que determinada reportagem não estava correta, o veículo vai ter que corrigir o que disse.

Mas quem decide? Os jornalistas. Não é o Estado. O Estado não tem que interferir nisso. O Estado tem que usar a lei que coloca limites nos casos de injúria, calúnia e difamação. Quem não fez nada disso pode ter a opinião que quiser.

Como dizia o velho Voltaire: "Não concordo com nada do que você diz, mas vou defender até com a minha vida o seu direito de falar."

José:

O empresário que investe na mídia, às vezes, manda para o veículo um release e quer a publicação dele na íntegra. Se não é publicado, o empresário diz que não investe mais no veículo. Esse empresariado também precisa amadurecer, não é?

Heródoto:

Sem dúvida. O que eles querem é comprar o editorial. Voltamos para a questão de cidadania. Existe um espaço comercial para vender o produto dele. Mas o editorial não está à venda.

José:

O tecido social no Brasil está bastante corrompido, especialmente no que tange a este aspecto da cidadania que você aponta.

Heródoto:

Concordo. Mas eu creio que nós temos que lutar, temos que resistir e nos inovar. Cabe a nós fazermos isso pelas futuras gerações. É nossa responsabilidade.

Hildegard Angel

Hildegard Angel (Rio de Janeiro, 24 de setembro de 1949) trabalhou como atriz no teatro, no cinema e na televisão nas décadas de 60 e 70, antes de se tornar conhecida no jornalismo, especialmente como colunista social a partir dos anos 1980, nos jornais O Globo e Jornal do Brasil. Fundou, em 1993, o Instituto Zuzu Angel, entidade sem fins lucrativos dedicada à promoção e à capacitação da moda no Rio de Janeiro, com o objetivo principal de lembrar a luta de seu irmão, Stuart Angel Jones, e de sua mãe, a estilista Zuzu Angel, assassinada por agentes de repressão da Ditadura Militar em um acidente de automóvel forjado no bairro de São Conrado, no Rio de Janeiro, em abril de 1976. Mantém atualmente um blog próprio, onde escreve sobre a sociedade carioca e a política nacional. É colunista do portal Brasil 247.

José Manoel:

Você tem uma trajetória longa no jornalismo. Gostaria de saber se você acha que houve um agravamento da relação servil da imprensa com o capital, com os grandes grupos financeiros e seus representantes políticos e jurídicos nas altas cúpulas do poder. Refiro-me à grande mídia ou àquilo que o Paulo Henrique Amorim chamava de PIG — Partido da Imprensa Golpista. Estou falando dos grandes jornais e de outros meios de comunicação que têm poder para manipular a opinião pública e interesse nisso.

Hildegard Angel:

Eu acho que sim. Acho que o capitalismo aperta o torniquete no pescoço da mídia, nas obrigações da mídia para com ele, através da manipulação das informações. E de abraçar, como prática, o *lawfare*, como ocorreu no caso da Dilma e do Lula e, mesmo antes, com o Mensalão. Acho que o capital dominou totalmente o espírito do jornalismo, totalmente.

O velho capitão de indústria jornalística morreu. Não existe mais. Mesmo a Globo, com toda a sua parcialidade, sua adesão à ditadura e às conveniências do mercado e da publicidade, ainda tinha resquícios de dignidade jornalística. E mesmo em outras empresas havia o respeito pelo grande jornalismo. Havia um brilho. Agora, não há mais. Agora temos o jornalismo selvagem, o jornalismo do lucro, da conveniência financeira. E há jornalistas de grande envergadura que aceitam servir a isso.

Como vimos na campanha contra a Petrobras. Como vimos na entrega da Eletrobras. Até então, o Brasil não estava sendo entregue. Agora está. Até um tempo atrás, as estruturas brasileiras eram respeitadas; não se pensava em desmontá-las. Hoje temos essa voracidade do capital estrangeiro sobre tudo o que construímos e possuímos.

Então, acho que há uma crise profunda no jornalismo, com essa atitude muito mais ostensiva, agressiva e muito mais indigna. Essa palavra, dignidade, inclusive, está completamente defasada.

José:

Isso está contaminando também a juventude nas redações? Porque eu ainda peguei uma fase em que havia apuração dos fatos como uma necessidade, uma imposição da realidade. Ou você fazia apuração ou não fazia jornalismo. Hoje a gente vê redações muito fracas, em que ninguém apura nada. O que os jornalistas fazem é copiar e colar da internet.

Hildegard:

É isso mesmo. Havia certos princípios e critérios nas cartilhas da redação. Isso desapareceu. E sequer há também a cartilha da ética, versando, por exemplo, sobre o jornalista ser corrupto ou não. Não ocorreria hoje um escândalo como os de antes, quando grandes jornalistas eram demitidos por suspeita de corrupção.

O jornalista atual pode ostensivamente dirigir um carro muito caro e morar na Vieira Souto, o metro quadrado mais caro do Rio, como se fosse uma coisa natural. Acabou aquela cartilha moral, ética do jornalismo. Os princípios básicos da imprensa não estão mais em pauta. O que está em pauta é cumprir as necessidades, as prioridades de quem está mandando no momento.

José:

Você não acha que a cartilha de ética, que pressupõe respeitar compromissos com a verdade, foi rasgada lá no Mensalão, com a introdução da prática do lawfare, que utiliza a justiça e a imprensa para destruir pessoas de forma ilegal?

Hildegard:

Concordo com você. O ponto de virada foi o Mensalão. Naquela época, cheguei a ouvir a editora de um grande jornal brasileiro, a que cunhou o termo Mensalão, dizendo: "Nós vamos prender o José Dirceu." Como se a imprensa pudesse se julgar no direito, por seu desejo de submeter uma pessoa da qual ela discorda politicamente, de mandar prender... Não me lembro de haver algo assim antes do Mensalão. Isso me escandalizou.

Assim como vimos a campanha aberta de uma das maiores emissoras brasileira para esvaziar e entregar a Petrobras ao setor privado. O que é isso? Como podem se dar a esse desfrute? Pessoas que construíram a sua biografia na mídia, como elas podem se vender? Porque isso é se vender por dois, três tostões, abertamente. E não ter qualquer tipo de escrúpulo.

É muito triste ver como a imprensa brasileira decaiu. Talvez seja o mecanismo internacional, não sei — mas a imprensa brasileira foi ao rés do chão.

E nós não estamos sob uma ditadura, como estivemos durante o período militar no Brasil, em que a imprensa tinha que se dobrar para não morrer. Estamos, em princípio, num regime democrático, com governo eleito. Então, a imprensa não precisava se ajoelhar tanto.

Agora, é tudo muito mesquinho, muito evidente. Porque hoje temos poderes diferentes, com as redes sociais formando um espectro muito mais amplo de possibilidades de influenciar e dominar as consciências. Isso antes era restrito aos grupos de poder, apenas. Agora pode-se estender esse domínio ao Brasil inteiro, numa fração de segundos, difundir pensamentos parciais e equivocados com potencial enorme de devastação e com consequências em todos os campos da vida brasileira. Isso me preocupa. Há, por exemplo, uma articulação no momento, contra a qual a imprensa não reage, promovendo a invasão de universidades por elementos de movimentos de extrema direita. Há também os evangélicos atacando o Estado brasileiro em grandes marchas e procissões... E a mídia assiste a isso de modo impassível. Da mesma forma, perdeu o escrúpulo diante do Bolsonaro. Normalizou o Bolsonaro como presidente da república. Normalizou o Temer, como se ele fosse um presidente que não deu um golpe. Não houve qualquer oposição. Aliás, hoje não há oposição na mídia, e isso nos infelicita. Só existe oposição na mídia progressista do

YouTube. A grande mídia não oferece nenhuma resistência às barbaridades dessa gente. É um perigo enorme, nós estamos completamente dominados.

José:

Eu lembro que nós tínhamos reunião de pauta. Discutíamos amplamente qual ela seria. Acabou isso, não? Vem lá uma pauta de interesse dos patrões e ponto.

Hildegard:

Sim, de interesse coordenado. E até os jornalistas mais independentes, ou que aparentavam uma certa independência, agem numa completa submissão.

Vimos um exemplo disso recentemente, relativo à Eletrobras. Houve um apagão. A Janja, mulher do Lula, respondeu a um tweet do Ciro Gomes, em que ele queria responsabilizar o governo Lula por não fiscalizar a manutenção da Eletrobras. E a Janja disse que a Eletrobras foi privatizada em 2022. Isso virou uma discussão em que todos os jornalistas mais independentes da GloboNews, durante horas, e até constrangidos, criticavam a Janja por uma afirmação que era verdadeira.

Eles não tinham nem argumentos, só medo de que aquele apagão pudesse ser usado como um elemento contra a desestatização da Eletrobras. Como se a Eletrobras fosse um ativo da Globo. Uma coisa fora de qualquer decência jornalística.

José:

Hoje, temos uma grande pulverização de mídias na internet, e nem a grande mídia tem a importância que antes tinha. Além do que, tudo é copiado e colado com pressa, para que se possa dar a notícia primeiro. Em quem o público vai confiar?

Hildegard:

O problema que está por trás do que você diz é que não existe mais autoria. Autoria de pensamento, de análise. Todo mundo se apossa de um raciocínio que não tem autoria porque é o que coube melhor naquela circunstância. Isso dilui as opiniões, a identidade dos veículos (o que, aliás, já ocorre há algum tempo).

O imediatismo da notícia provoca a simplificação do jornalismo brasileiro. Isso você não vê no jornalismo do exterior, onde há matérias aprofundadas, pesquisadas, apuradas. Aqui não há mais essa preocupação; é como se a nossa imprensa escrita e televisionada quisesse concorrer com as redes sociais, e não o contrário. Não existe mais a imprensa feita em profundidade, reflexiva, com bagagem, que forma a opinião. A opinião é formada pelos anônimos. Há uma inversão de valores e de posições.

José:

Nós somos absolutamente contrários a qualquer tipo de censura, queremos a liberdade plena para que a opinião pública se forme sem obscurecimentos. Mas, nessa conjuntura com a qual estamos lidando, de empresas de mídia pouco preocupadas com o interesse público e quase só voltadas para a audiência e o resultado financeiro, seria preciso algum controle do Estado sobre as concessões de empresas de mídia?

Hildegard:

Acho que a primeira coisa que precisamos fazer é a regulação da mídia, assim como foi proposta pelo Franklin Martins. A proposta dele não tinha nada a ver com censura nem com conteúdo, mas com monopólio. Não se pode dar a uma única empresa, a um único grupo, o controle sobre a consciência brasileira.

Um monopólio que abrange televisão, mídia impressa, rádio, internet? Não dá, está errado. Em outros países, isso não existe.

Nós estamos na contramão. Até a Argentina fez a regulação. Mas os donos da mídia monopolista no Brasil criaram o fantasma da censura como uma cortina de fumaça. E é claro que a proposta do Franklin não tem nada a ver com isso.

Nós não temos que ficar com pruridos, intimidados ou nos justificando ao tocar nesse assunto. É preciso regular a mídia brasileira no seu aspecto econômico. A Globo não pode ter vários canais de televisão, várias revistas, vários canais de internet. E agora ainda está querendo ganhar sobre a monetização que iria para a imprensa progressista.

Isso tudo tem que ser revisto. É o poder econômico se sobrepondo à opinião e à consciência, esmagando a possibilidade de podermos refletir. E a gente tem que reagir.

José:

A inteligência artificial, com os comandos certos, pode fazer um texto jornalístico. Ela é mais uma ameaça nessa distopia, cada vez mais real, que a gente está vivendo, em que a autoria, como você disse, já não existe?

Hildegard:

Isso está acontecendo em todos os campos. Tira-se a identidade, substitui-se o criativo pelo automático. Na moda, por exemplo, os maiores grupos empresariais adquiriram as grandes marcas e alijaram todos os nomes importantes de criação. Depois, contrataram grupos de anônimos para desenvolver as marcas.

O valor que prevalece para eles não é a beleza, a qualidade ou a criatividade. É o preço. Então, ficam eternamente repetindo as mesmas coisas, mudando as cores. Usam grupos de criadores saídos das escolas. Não há mais nomes.

A indústria de moda foi a primeira que eu vi promover essa despersonalização da criação. Mas muitas indústrias já embarcaram nisso, inclusive a imprensa.

Agora vemos os roteiristas de Hollywood fazendo suas greves, exigindo que pelo menos um ou dois deles façam parte das fichas técnicas, porque os produtores querem fazer tudo com inteligência artificial.

José:

Com esse emburrecimento coletivo promovido pela inteligência artificial, pensando nas futuras gerações, para onde estamos indo?

Hildegard:

Vai existir sempre alguém que gere novidade. Porque a inteligência artificial se baseia no que já existe, cria em cima do que é conhecido. Então, haverá a necessidade de que alguns criativos, os mais brilhantes, sejam os inovadores.

Mas, realmente, as atividades vão ter um número muito mais restrito de profissionais, porque eles serão desnecessários. Os apresentadores de TV, por exemplo, poderão ser de inteligência artificial.

Até porque, com essa plastificação que vemos por aí, as próprias pessoas são quase obras de inteligência artificial. Não têm vinco no rosto, não têm expressão, feiura, imperfeição, idade.

Estamos criando uma geração de profissionais produzidos pela inteligência artificial. Porque o próprio ser humano se submeteu a esses conceitos, abriu espaço para haver preconceito contra quem tem ruga, idade, não tem um cabelo na moda ou não usa barba.

É uma pasteurização do ser humano, que estende um tapete vermelho para a assunção da inteligência artificial. Estamos promovendo a inteligência artificial porque nós mesmos estamos nos artificializando.

José:

O jornalismo já teve grandes autores, jornalistas que tinham estilo e opinião próprios e respondiam por suas opiniões, às vezes pagando caro por isso. Eles nos iluminavam, nos surpreendiam, nos questionavam. Como vamos viver sem essa provocação?

Hildegard:

Teremos que recorrer às produções literárias, à sua profundidade e imaginação. Ali é que vão estar as novidades. Acho que ficaremos restritos a um universo pequeno de produção, no qual a própria inteligência artificial terá que buscar o novo.

José:

A Ditadura Militar no Brasil levou seu irmão, Stuart Angel Jones, e sua mãe, Zuzu Angel. Eles foram vítimas daquele regime de terror por lutarem contra as injustiças e barbaridades promovidas por ele. Mas o que eu queria saber é sobre o vínculo que há entre a ditadura e a sua carreira no jornalismo.

Hildegard:

Eu fui colocada no colunismo social pela minha mãe. Ela pressentia que perderia os filhos. Stuart já estava no movimento estudantil; eu fazia teatro com grandes diretores, os mais revolucionários, como o José Celso Martinez Corrêa. Tive até um certo protagonismo na peça mais política do Zé Celso, no Teatro Oficina, que foi Gracias Señor.

Acredito que minha mãe percebeu que eu ia pelo mesmo caminho do Stuart se seguisse no teatro. Então, ela conseguiu me colocar para trabalhar no jornal *O Globo* como assistente de uma amiga dela, Nina Chaves, uma grande colunista social da época.

Após a morte da minha mãe, me dediquei exclusivamente à coluna social, àquele universo de dinheiro, luxo, moda, futilidade. Não cobria política. Eu era muito traumatizada, muito amedrontada. Isso de não falar de política causou uma impressão muito ruim sobre mim, o que não aconteceu com os outros, que diziam que o Médici era ótimo, que o Geisel era maravilhoso etc. Todos conheciam a minha história, e eu não dizia nada contra o regime. Eu precisaria ter, mas não tinha, maturidade para entender que precisava ter uma postura. E também não tinha nenhum respaldo para isso. Se eu tivesse a consciência da postura que devia ter, não podia continuar no *Globo*.

Mais tarde, ingressei na mídia progressista da internet. Mas nunca deixei minha mãe e meu irmão serem esquecidos nesses anos todos. Usei artifícios e caminhos, negociando com a direita, para manter essas memórias vivas. Zuzu ficou conhecida como a nossa maior estilista, e todo mundo aplaudia, inclusive o *high society* que apoiava a ditadura. A primeira exposição que eu fiz do trabalho da mamãe foi em 1980, sob o Figueiredo. Stuart e Zuzu viraram nomes de ruas. Mantive vivas as memórias da minha mãe e do meu irmão, até mesmo sob os militares, antes da abertura. E a história de luta deles dois estava subliminarmente ali.

José:

Uma última pergunta. O que você diria para um jovem ou uma jovem que vai entrar na faculdade de jornalismo, nesse contexto que a gente está vivendo, de uma mídia completamente submissa aos interesses financeiros, despersonalizada?

Hildegard:

Hoje nem precisa de faculdade para fazer jornalismo. Mas eu diria a essa pessoa que faça faculdade, que estude, que se aprofunde. Porque eu não tive essa oportunidade.

E diria que haverá sempre espaço para quem tiver opinião legítima. Não sei se vai haver emprego, mas acredito que serão criados espaços. Pois a internet, se o Elon Musk não comprar tudo, é um universo sem fim.

E diria: escreva em outros idiomas, para não virar um jornalista da província — embora talvez a inteligência artificial resolva esse problema (risos).

Rogério Galindo

Rogério W. Galindo (Curitiba, 21 de dezembro de 1975) é repórter formado pela Universidade Federal do Paraná (UFPR). Durante 18 anos foi jornalista da Gazeta do Povo, de Curitiba, até ser demitido por suas posições contrárias à política de ódio de Jair Bolsonaro. Especializou-se em cobertura política. Ganhou o Prêmio Esso Regional em 2013, do qual já havia sido finalista em 2005. Também foi finalista do Jabuti de tradução, junto com seu irmão, Caetano W. Galindo. Após sua demissão na Gazeta, Rogério foi cofundador do jornal Plural (2019), veículo que se firmou como uma voz clara do jornalismo independente no Brasil. Rogério traduziu mais de 30 livros, entre os quais estão autores como Saul Bellow, Paul Beatty e James Baldwin. Casado, tem três filhos e mora em Curitiba.

José Manoel:

O que aconteceu com a mídia brasileira, Rogério, que já teve entre seus jornalistas figuras historicamente importantes, muitos deles também escritores; já teve respeito, influiu em algumas decisões importantes para a democracia brasileira e ultimamente caiu numa lama de dar dó, movida pela submissão ao capital e pela imediaticidade da notícia?

Rogério Galindo:

Acho que só a resposta a essa pergunta daria uns cinco volumes de livros. E precisaria de gente mais inteligente do que eu para responder. O que posso fazer é dar alguns palpites.

Embora a gente compartilhe, pelo que estou percebendo, de alguns valores e de algumas compreensões básicas do que está acontecendo, eu até sou mais otimista. Tenho um ponto de vista um pouco diferente. Acho que temos, de fato, um problema grave com a situação da imprensa e da mídia brasileira em geral, principalmente no que diz respeito aos grandes veículos, que, na época do governo Dilma, o Paulo Henrique Amorim chamava de PIG — Partido da Imprensa Golpista.

De fato, os jornalões e as grandes redes de TV têm problemas significativos para a gente discutir. Mas sou otimista porque, nos últimos quatro anos, por ter entrado nessa onda do jornalismo independente, percebi que existe um movimento contrário, reativo talvez, bem importante, que está se tornando cada vez mais relevante nesse cenário.

Refiro-me aos novos veículos independentes, alternativos, chame como quiser. Eles estão conseguindo, talvez mais do que em outros momentos, fazer um contraponto à altura a esses veículos. Hoje temos esse discurso conservadoríssimo do *Estadão*, da *Gazeta do Povo* aqui no Paraná, da Jovem Pan e, em certa medida, da Rede Globo — embora, no cenário atual, a Globo, se compararmos com os outros três que mencionei, até esteja se saindo bem na fita (risos).

Mas também temos o *The Intercept*, o *Nexo*, o *Poder 360*, o *Congresso em Foco*, o *Matinal* em Porto Alegre, o nosso Plural aqui em Curitiba, a *Agência Pública* e uma série de veículos alternativos. Não apenas de jornalismo escrito, mas também através do YouTube e de podcasts. A Rádio Novelo, por exemplo, faz um trabalho brilhante. Em revista, temos a *Piauí*, entre outras.

Para ilustrar melhor, podemos analisar o caso da Lava Jato. Houve toda aquela cobertura chapa-branca, em que a grande imprensa validou o discurso da Força-Tarefa e do Moro, causando grande estrago. Mas, na mesma proporção, ousaria dizer, houve também a Vaza Jato, do Intercept, que funcionou como um antídoto.

Lógico, é uma briga de Davi contra Golias, mas os "Davis" têm derrubado muita coisa. A atuação da *Agência Pública*, do *Nexo* e de outros veículos tem sido importante para a democracia brasileira.

Fundamos a Ajor, Associação de Jornalismo Digital, que reúne todo esse pessoal. É muito bom participar dela e ver o ímpeto de todos. Juntos, conseguimos mais financiamento, mais visibilidade. Isso tem ajudado. Há também a troca de ideias. Um descobre lá um jeito de fazer algo que os outros não conhecem, tanto no aspecto técnico quanto financeiro, e compartilha.

Nesse meio independente, surgiram veículos embrionários, mas muito importantes, como o *Alma Preta*, que discute questões raciais, o *Catarinas*, de Santa Catarina, que aborda questões de gênero, e o *Fala Roça*, jornal nascido dentro da Rocinha, no Rio de Janeiro, em que as pessoas da favela falam com as pessoas da favela. Podem parecer iniciativas pequenas, mas conseguem emplacar uns gols e fazer um contraponto.

José:

A pergunta que vou fazer é paradoxal. Da mesma forma que esses veículos alternativos rompem a bolha da grande imprensa, porque estão fora daquele contexto mais fechado e conservador, por outro lado também criam uma nova bolha nas redes sociais. Como explodir essa segunda bolha, das pessoas que, como eu, se alinham com pensamentos progressistas?

Rogério:

Vou dar dois exemplos importantes. Um é o nosso, no *Plural*, do qual posso falar mais de perto. O outro é o da Eliane Brum, uma jornalista que todo mundo admira, respeita, talvez a mais premiada do Brasil. Agora ela decidiu largar os grandes veículos em que trabalhava e abriu um veículo com características independentes, o *Sumaúma*, que trata da emergência climática e defende que a floresta (sua natureza e seus povos) precisa vir antes do mercado.

O *Sumaúma* é muito pequeno se comparado ao *Estadão*, mas tem conseguido crescer, contratar pessoas, aumentar a produção e fazer matérias relevantes. O problema é que a Eliane e seus parceiros correm o risco de pregar para convertidos, falando com o pessoal que já é ambientalista ou que já tem interesse pelas questões da Amazônia.

O mesmo acontece com a gente aqui, no *Plural*. Em Curitiba, temos uma situação bipolar: existe a *Gazeta do Povo*, um jornal ultraconservador, e existimos nós, que nesse caso somos o antídoto.

Mas, contextualizando, na última eleição presidencial, dois terços dos eleitores curitibanos votaram em Bolsonaro e um terço em Lula. Ou seja, a *Gazeta* fala com os dois terços e nós, com o um terço. A gente não consegue falar com os seguidores deles, e eles não conseguem falar com os nossos. Isso cria exatamente o que você mencionou: as bolhas.

Corremos o risco de ficar reduzidos a falar com um público que já está interessado nas causas que defendemos e não sair disso. Esse é o grande drama. Aliás, são dois grandes dramas: um é o financiamento; o outro é não conseguir falar com o público em geral, ficar preso nesse “submundo subversivo” dos jornais independentes.

José:

Esse regime de ódio não teria sido fomentado também pelo grande jornalismo, que, entre outras barbaridades, apoiou o lawfare exercido sobre

Lula, Delúbio, Pizzolato, José Dirceu, Agnelo Queiroz e tantos outros integrantes da esquerda? Você, que trabalhou na Gazeta do Povo, entende que a polarização foi em grande parte criada pela mídia conservadora, que engessa posições e não dialoga?

Rogério:

Eu acho que não sou exatamente um marxista, mas é lógico que temos no Brasil uma situação de ódio de classes. Uma elite pequena não quer perder privilégios e, nos governos do PT, especialmente nos governos do Lula, começou a ver a ascensão de uma classe média baixa, a classe C.

Essa elite passou a disputar o monopólio de certos privilégios no Brasil. Podemos citar os aeroportos, que para eles tinham "virado uma rodoviária"; as universidades, que passaram a praticar um regime de cotas e contar com o Programa Universidade para Todos (Prouni); ou, como disse um certo ministro, as empregadas domésticas indo para a Disney, "uma farra danada".

Eles não se incomodavam exatamente com a doméstica ou com o aluno no Prouni, mas porque o conjunto dessas mudanças dava a entender que o monopólio da riqueza e do poder estava sendo ameaçado, naquele momento, por um governo que tentava ser mais inclusivo.

Como sabemos, esse governo não chegou nem perto de fazer cócegas na hierarquia da pirâmide social do país, mas acendeu o alerta.

Os donos dos grandes jornais têm interesse na manutenção desses privilégios. São parte da elite dominante, por uma razão óbvia: ninguém compra uma rotativa com dez reais. São pessoas que têm dinheiro, influência, poder e querem manter o *status quo*.

É evidente que, no momento em que essa classe alta se sente incomodada por uma perturbação na ordem social, ela toma partido. Isso não é discurso subversivo, é fato.

Agora, é importante frisar que isso não significa que as redações, que os jornalistas, normalmente oriundos da classe média baixa ou até filhos de operários, compartilhem desse interesse. Não é uma iniciativa que parte dos jornalistas.

Digo isso porque muita gente pensa que o jornalista é um robozinho a serviço do patrão. Obviamente, a posição dos donos do jornal tem influência. Na *Gazeta do Povo*, por exemplo, durante muitos anos eu brincava que era a oposição consentida lá dentro, mais ou menos como o MDB na época da ditadura.

Mas chegou uma hora em que os donos decidiram que não haveria mais oposição consentida e me demitiram. Queriam manter o discurso deles unificado e cada vez mais homogêneo.

Resumidamente, a imprensa acaba tendo um papel, nos termos marxistas, de superestrutura. Ajuda as elites dominantes a manterem o poder.

José:

Você falou do ódio de classe que surgiu com o movimento que o Lula capitaneia e representa. Pois bem. Há esses espertalhões, que querem pegar carona no poder estabelecido. A nossa democracia está preparada para enfrentar esses abutres do interesse econômico, que estão sempre, com a cara mais simpática do mundo, de alguma maneira espreitando para ver se nós estamos distraídos?

Rogério:

A prova de que nós não estamos prontos é o impeachment da Dilma. Isso que você descreveu — dos caras que aderem a qualquer ideologia por ocasião, por esperteza — foi, em parte, o que aconteceu no impeachment.

O Lula, por ter jeito, como já foi dito, de "bicampeão mundial de conciliação", consegue juntar as pessoas em torno dos projetos dele. Mas, quando ele não está mais no comando, a coisa desanda.

A Dilma, uma pessoa que admiro demais pela inteligência, acredito que caiu por não ter feito o jogo. Não caiu por desonestidade, mas porque não topou fazer a bandalheira.

Eu me preocupo muito com isso. Porque o Lula é, de fato, o único capaz de romper a bolha. Mas ele é um ser humano como todos nós. Daqui a pouco, não vai mais estar aqui. Quem vai fazer o papel dele então? Será o Haddad? Ele tem essa capacidade? Ou o Flávio Dino? Marina Silva? Não sei.

E a gente não pode depender só de uma pessoa. Tem que haver uma força institucional mais estabelecida. Nesse sentido, eu não sou otimista.

Acabando o Lula — e uma hora ele vai acabar —, não sei o que acontece com esse projeto. Não sei nem se o PT sobrevive. Dali a pouco, o partido vai se fragmentar? Vai a CNB (Construindo um Novo Brasil) para um lado, a DS (Democracia Socialista) para outro? É um risco que corremos.

Os espertalhões estão de craca no navio do Lula porque veem a perspectiva de poder. Mas, assim que a perspectiva de poder for para o outro lado, eles vão junto. Aí, acaba toda essa história que estamos vendo ser construída nos últimos 20 anos.

A não ser que eu esteja errado e que haja uma liderança capaz de fazer esse papel do Lula.

José:

Em determinado momento, você foi demitido da Gazeta do Povo, cujos donos ouvi dizer que estão até na Opus Dei, e tomou uma atitude que exige muita coragem e força: fundou o Plural, uma mídia independente, democrática, inclusiva. E sem grana. Como foi essa passagem da mídia tradicional para a mídia alternativa?

Rogério:

Deixa eu primeiro fazer um parêntese. Quem comprou e transformou a *Gazeta* nesse mamute foi o Francisco Cunha Pereira, já falecido. Era um empresário espertalhão que deixou o jornal para os filhos.

Um dos filhos dele, muito inteligente, é o Guilherme, que de fato é da Opus Dei. Fez voto de pobreza, mora numa casa coletiva e é hoje o dono do jornal. Aliás, nem pode ser dono de nada na Opus Dei. Quem é dona oficialmente é a irmã dele, mas o Guilherme é o presidente.

Falando de *money* na mídia, tema do seu livro, quero dizer algo revelador sobre o que estamos conversando: a *Gazeta do Povo* não dá lucro. Pelo contrário. Quando eu estava lá, no último relatório a que tive acesso, em 2018, o jornal custava em números arredondados 50 milhões de reais por ano e arrecadava 25 milhões. Entrava num vermelho gigante. E de onde que eles tiravam dinheiro para cobrir o rombo? Da TV, porque além do jornal eles têm oito emissoras afiliadas à Rede Globo no Paraná. Eles simplesmente tiram o dinheiro da TV e colocam no jornal. Sabem que a *Gazeta* nunca vai dar dinheiro, mas a mantêm porque querem o púlpito, de onde falam as suas "verdades" e tentam conquistar almas para os seus projetos. Quero dizer com esse exemplo que um jornal não é mantido só por uma questão de dinheiro para os donos, mas também para conquistar poder e influência, inclusive no sentido comportamental e religioso.

Sobre a fundação do Plural, o mérito é muito mais da Roseane Freitas. Nós somos três sócios-fundadores: o Alberto Benett, a Roseane e eu. O Benett estava na *Folha de São Paulo*, onde ainda faz uma charge semanal, e eu tinha saído da Gazeta.

Eu e ele tínhamos mais exposição, mas a coragem de tirar um projeto do papel foi da Roseane. Ela teve o *insight* e disse: "Vamos fazer!"

Começamos com financiamento coletivo. Funcionou porque, quando a Gazeta deu a guinada para a extrema direita, muita gente se viu órfã de jornal. Havia a necessidade de um contraponto. Inclusive, muitos leitores da *Gazeta* me pediram isso. A gente aproveitou este fato e solicitou ajuda financeira, explicando que não tínhamos dinheiro. E as pessoas nos ajudaram. Hoje, o Jornal já cresceu; temos anunciantes, assinantes e outras fontes de receita.

Foi uma decisão pouco inteligente, do ponto de vista econômico. No início, vivemos dois anos sem salário. Foi uma decisão corajosa, mas valeu a pena.

José:

Houve também aquela pitada de loucura, não?

Rogério:

Sim, com certeza. Mas também havia falta de opção. Era só o que a gente sabia fazer e não tinha para onde ir.

José:

Sempre há alternativas. Vocês foram corajosos. Eu sempre digo para os meus colegas de luta que não devemos percorrer atalhos. Toda vez que peguei um atalho, dei com os burros n'água. O caminho certo é enfrentar a realidade, por mais dura que ela seja. Então me diga: valeu a pena? Porque estruturar uma empresa envolve administração, e jornalista, em geral, não gosta disso. Você acredita que essa experiência pode inspirar os jovens, mesmo com todas as dificuldades?

Rogério:

Um dia desses, fiz uma palestra na PUC Paraná. Foi talvez a mais chata que já dei, porque normalmente tento animar a plateia, fazer graça, mas naquele dia estava desanimado com algumas coisas que não estavam dando certo. Então resolvi ser muito sincero com os alunos.

Disse algo que a Roseane costuma repetir, e com o qual concordo: essa ideia de que jornalista é da área de Humanas e não precisa saber fazer conta é uma armadilha que montaram para a gente.

Primeiro, porque fazer bom jornalismo exige saber matemática, lidar com tabelas, dados. Segundo, porque, se você quiser criar um veículo, precisa administrá-lo. Isso envolve questões como orçamento, contratação de pessoal, impostos, aluguéis e tecnologias, coisas que exigem conhecimento prático e estratégico.

Foi um golpe duro para nós, no *Plural*, perceber isso. Sabíamos fazer jornalismo, mas não sabíamos fazer um jornal sustentável. Para isso, é preciso transformá-lo em dinheiro e gerenciar esse dinheiro.

Você tem que entender, por exemplo, quantas pessoas realmente precisa contratar, quanto pode pagar e como lidar com sistemas de pagamento, *newsletters*, podcasts, entre outros.

Eu não nasci mexendo em computadores — tive o meu primeiro já adulto —, então foi — e ainda é — um desafio. A Roseane tem mais facilidade, mas eu sofro muito com a parte técnica.

Se fosse dar um conselho aos jovens, diria: aprendam a escrever bem, mas também aprendam matemática, economia, gestão e tecnologia. Jornalismo não é só literatura; é preciso entender o mundo prático em que estamos inseridos.

José:

Alguns jornalistas, em outras entrevistas, mencionaram que muitos profissionais hoje copiam e colam matérias sem apuração, por causa do imediatismo da internet, em que uma postagem tem a mesma velocidade que uma matéria de jornal. Pior: copiam e colam sem checar as fontes. Falaram também que o jornalismo autoral, que tinha grandes nomes como Paulo Francis e Sérgio Augusto, praticamente acabou. Você concorda?

Rogério:

Eu acho que temos um cenário, para usar uma palavra chique, muito variado. Existem, sim, muitos veículos que vivem do control C, control V, reproduzindo notícias de agências, concorrentes ou releases. E isso não é exclusividade de blogueiros ou pequenos sites; até jornais de médio porte entram nessa corrida pelos cliques, porque a remuneração que o Google dá por visualizações acaba sendo uma métrica importante.

Mas eu não diria que o jornalismo autoral acabou. Ele mudou de lugar. Hoje temos pessoas como a Eliane Brum, que é uma referência incontestável. Temos o Luís Nassif, que faz um trabalho brilhante e sólido. Dificilmente alguém vai discordar, embora ela não esteja mais na *Folha de São Paulo*, como o Paulo Francis estava. Existem todos aqueles ótimos veículos independentes de que eu falei, com jornalistas que são da mesma altura dos famosos que você mencionou, na minha opinião. O Nassif, do qual eu não sou exatamente um grande leitor, faz jornalismo autoral. Há quem não goste do Leandro Demori, mas ele faz um trabalho impressionante no *Intercept* e no site dele.

A Natália Viana, da Agência Pública, que foi presidente da Ajor e é a nossa líder no jornalismo independente.

O que aconteceu foi que esses profissionais saíram dos grandes jornais. Muitos foram para veículos independentes ou criaram seus próprios espaços, onde conseguem fazer jornalismo autoral, com profundidade e relevância.

No *Plural*, por exemplo, evitamos entrar na obsessão de dar a notícia antes dos outros. Isso nos permite publicar menos, mas com mais qualidade. Fazemos de quinze a vinte conteúdos por dia, entre matérias, crônicas, charges, porque não queremos redundância. Queremos trazer algo além do que já está circulando.

Acredito que esse trabalho de formiguinha, feito por veículos como o nosso, o *Nexo* ou o *Poder 360*, é uma resistência importante. O que falta é romper a bolha e chegar nas massas.

Walter Casagrande Jr.

Walter Casagrande Jr. (São Paulo, 15 de abril de 1963) firmou-se como um dos maiores centroavantes do futebol brasileiro, jogando sobretudo pelo Corinthians, time com o qual conquistou o Campeonato Paulista em 1982 e 1983. Foi um dos líderes da Democracia Corinthiana, ao lado de Sócrates e Wladimir, movimento inédito de jogadores que lutavam pela democracia em plena Ditadura Militar. Após a carreira no futebol, Casagrande enfrentou e venceu um sério problema com drogas, registrado no livro Travessia, escrito com o amigo e jornalista Gilvan Ribeiro e editado pela Globo Livros. Durante 25 anos, foi comentarista de futebol da Rede Globo, cobrindo 6 Copas do Mundo e 5 Olimpíadas. Abandonou a emissora por constantes e crescentes divergências políticas. Atualmente, assina uma coluna no portal UOL.

José Manoel:

Eu trabalhei na Jovem Pan num período em que a rádio era aberta às mais diversas opiniões. Mas, de repente, a Jovem Pan emborcou, virou uma rádio de direita...

Walter Casagrande:

Uma rádio extremista.

José:

Exato. Devido a isso, a essa guinada da Jovem Pan, resolvi tentar entender o que aconteceu com a mídia no Brasil, de modo geral. Foi assim que surgiu a ideia de fazer este livro, Mídia e Money, com um depoimento meu sobre a minha trajetória na mídia e entrevistas com figuras resistentes do jornalismo democrático. Pois bem, você é um cara que sempre teve consciência crítica, notadamente desde o surgimento da Democracia Corinthiana, que nasceu na década de 1980. Foi liderada por você, pelo Sócrates, pelo Wladimir e pelo Zenon e constituiu o maior movimento ideológico do futebol brasileiro. Depois disso, você passou pela Globo, entre outros meios de comunicação, enfrentou muitas situações difíceis e sempre se manteve firme. É exatamente por esse motivo, porque você não cedeu ao jogo do sistema midiático, que eu gostaria de saber a sua visão sobre o processo de decadência que a mídia do país está vivendo.

Casagrande:

Tenho dito várias vezes que, no esporte, os jogadores, os treinadores e os dirigentes não precisam mais da mídia, porque têm visibilidade em suas próprias redes sociais. Se uma TV, por exemplo, convida um deles para uma entrevista, basta o cara não gostar de alguém do canal para dizer que está ocupado e que não vai dar a entrevista. Antes das redes sociais, esses protagonistas do esporte precisavam da imprensa para terem visibilidade. Hoje, não. No caso do esporte, para falar do que eu conheço de perto, o que me incomoda já há muito tempo é que as televisões, os portais e todas as pessoas que trabalham com a cena esportiva não se preocupam mais com a informação, com a opinião. Preferem a exclusividade. Então, passam pano para um monte de gente para ter informação exclusiva. Não valorizam a opinião. A crítica desaparece. Eles ficam comprometidos com quem vão entrevistar, no sentido de que o entrevistado diga que o canal é legal, que só lhe dá elogios e, em função dessa adulação, mantenha as portas abertas. Se o Casagrande critica alguém, esse alguém não irá mais a um programa em que ele esteja. Assim, todo mundo que faz cobertura de esporte ficou refém dos atletas, do pessoal que trabalha no futebol.

Eu não entrei nessa. Não só eu, obviamente. Tem o Juca Kfouri, o José Trajano, um monte de gente que se manteve com a mesma crítica, mas o espaço diminuiu para quem tem opinião.

José:

Isso não aconteceu também no enterro do Pelé, a que muitos jogadores não foram porque ele os criticava?

Casagrande:

Claro. Foi um absurdo, no enterro do Pelé, não ir ninguém dos times que foram campeões em 1994 e 2002. Era só mandar um representante, o capitão dos dois títulos, por exemplo, ou algum deles que morasse aqui em São Paulo. Isso aconteceu porque o mundo desportivo de hoje não aceita mais crítica, só gosta de quem elogia. Quem critica é afastado, isolado, tentam até colocá-lo para escanteio. Mas o pior é que os donos da imprensa entraram nessa. Preferem fazer entrevistas coletivas em vez de falar com o cara que dá opinião.

José:

Você acha que isso se deve ao despreparo das novas gerações?

Casagrande:

É difícil falar em "despreparo". Porque o mundo mudou, os interesses mudaram. As redes sociais ganharam o espaço delas. Com isso, muita gente que trabalha em qualquer segmento do jornalismo não é nem jornalista nem comentarista. Um sujeito abre um canal no YouTube e sai comentando política, esporte, economia, cinema, teatro, cultura, o que quiser. Enfim, ficou tudo muito misturado. E a nova geração da imprensa entrou nesse meio com a internet já sabendo que, para conseguir alguma coisa, não pode fazer muitas críticas. Eles começaram dessa maneira, aprenderam a fazer as coisas assim. Isso não vai mudar mais.

Entre os mais antigos, ainda há muita gente que se mantém no estilo pré-internet, fazendo críticas, apuração dos fatos etc. Mas, de modo geral, hoje fake news é aceitável. E é absurdo, na minha visão, sair uma matéria que é fake e o papel da imprensa se reduzir a desmenti-la, dizendo simplesmente que tal postagem de tal pessoa ou emissora é mentirosa, em vez de emitir uma opinião.

Tem dois tipos de imprensa hoje: aquela que mente e aquela que desmente.

José:

Vamos falar sobre juventude e experiência. Você era dez anos mais jovem do que aquela turma da Democracia Corinthiana. Como foi que aconteceu de você se integrar ao pensamento da turma mais velha?

Casagrande:

Ali o que aconteceu foi o seguinte. Como jogador, eu nasci no Corinthians. Fui para lá com sete anos de idade. O presidente do clube era um cara autoritário. Ele não era corrupto, não roubou dinheiro do Corinthians, muito pelo contrário, colocou dinheiro lá. Mas mandava em tudo. E eu, já nas categorias de base, era um cara que, além da rebeldia da adolescência, tinha a minha luta pela liberdade, em busca de uma vida em que eu pudesse opinar, em que pudesse ser o que eu era. E o que eu era não era aceitável para os padrões da sociedade daquele período, no final dos anos 1970. Tinha cabelo grande, gostava de rock and roll, usava calça jeans desbotada, fazia o que eu queria. Eu era como o Magrão (o jogador Sócrates), que conheci mais tarde: se eu não cuidava da vida de ninguém, não queria que ninguém cuidasse da minha. Só que as pessoas cuidavam, não me davam escolha.

Nós fizemos muitas coisas naquela época por rebeldia, para chocar mesmo, como, por exemplo, ficar tomando cerveja dentro do clube. Queríamos dizer que éramos pessoas normais, podíamos fazer o que quiséssemos.

Eu saí do Corinthians em 1981, com 17 anos, e fui jogar em Poços de Caldas, na Caldense, porque tive um atrito com o treinador que também era autoritário. Quando voltei, não queria ficar no Corinthians. Pensei em ir embora para Minas, porque o Cruzeiro e o Atlético Mineiro estavam interessados em mim. Mas o Adilson Monteiro Alves havia acabado de assumir a vice-presidência de futebol do Corinthians e tinha um projeto diferente. Eu fui até ele e disse que não queria ficar no time, que ia embora. Só que o pai do Adilson, seu Orlando, me conhecia desde garoto. Seu Orlando falou para o filho: "Fica com aquele garoto que ele é bom de bola e tem boa cabeça". O Adilson então insistiu para eu ficar, me propondo um contrato de três meses, para eu me adaptar ao seu novo modo de trabalho. Fiquei os três meses e depois continuei lá, porque comecei a me sentir bem.

Foi a primeira vez, dentro do Corinthians, que eu chegava com a roupa que queria, falava das músicas de que gostava e ninguém "cuidava de mim". Tudo era aceitável, as diferenças eram respeitadas. Não me senti perseguido nem observado, coisas que me incomodavam muito antes. Estreei fazendo quatro gols. E continuei fazendo gols. Quando eu e o Magrão jogamos juntos pela primeira vez, ganhamos de 4 a 2 do Fortaleza, jogamos pra caramba!

O Magrão e eu fizemos amizade. E aí foi se formando um movimento que não tinha nome. Eu gosto de contar o seguinte: nós não sabíamos o que era democracia, porque, depois de quase vinte anos de ditadura militar, não tínhamos ideia de como era uma democracia na prática. Só sabíamos que isso existia teoricamente, através das leituras e dos filmes que a gente via.

Bem, nós começamos a nos comportar como queríamos, mais à vontade; começamos a votar nas decisões que tomávamos etc. Até chegar um momento em que alguém, acho que foi o Juca Kfouri, falou: "Pô, vocês estão fazendo uma democracia do Corinthians". E aí o publicitário Washington Olivetto pegou a ideia e disse: "Democracia Corinthiana". Então, a ficha caiu. Entendemos que a maneira como a gente pensava e se comportava era democrática.

José:

Naquela época da Democracia Corinthiana, quando vocês opinavam politicamente, a imprensa os censurava? Pergunto isso porque o jogador de futebol normalmente esconde a sua opinião política, e aqueles eram tempos sombrios.

Casagrande:

Acho que a maior parte da imprensa era a favor da Democracia Corinthiana. Mas havia uma parcela, grande também, com pessoas importantes da imprensa, que era a favor da ditadura. Era composta de jornalistas que tentavam nos desqualificar, nos desmoralizar, principalmente eu, o Magrão e o Wladimir. Após uma derrota, o Magrão era um bêbado, eu era um drogado, o Wladimir, um negro. Eles nos atacavam pelas nossas questões pessoais. Se o Magrão era bêbado e eu um drogado, a nossa opinião não valia. Com o Wladimir praticavam racismo puro, desqualificando-o pela cor da pele. Nós passamos por isso por um período grande.

Apesar disso, ganhamos o Campeonato Paulista de 1982, jogando demais. Metemos 5 a 1 no Palmeiras, ganhamos de 2 a 0 do São Paulo, vencemos as duas partidas contra o Santos. A gente dava espetáculo. Com isso, a torcida começou a ficar a favor e, depois, se apaixonou pela Democracia Corinthiana.

José:

A Democracia Corinthiana influenciou muita gente. Numa das áreas em que atuo, a engenharia, que costuma ser conservadora, foi feito um movimento chamado Engenheiros pela Democracia, por influência de vocês.

Casagrande:

A Democracia Corinthiana explodiu no mundo. Já participei de diversos documentários estrangeiros, e foram feitos muitos livros em vários países. Quando fui jogar na Europa, sempre me perguntavam sobre o movimento. Mesmo assim, no Brasil não teve continuidade. Quando ela acabou, tudo voltou a ser como sempre foi, como está sendo até hoje: um cenário de jogadores alienados, que não querem se envolver em nenhum assunto, sem opiniões próprias. Para se ter uma ideia, um jogador famoso foi condenado a nove anos de prisão por estupro coletivo e está no Brasil, andando na praia para lá e para cá. Se alguém pergunta aos outros jogadores (quando pergunta, porque a imprensa já não questiona nada) o que eles acham da situação, eles mudam de assunto.

José:

E o Neymar, Casagrande? Ele é bolsonarista, é uma péssima influência para muita gente, inclusive dentro do futebol. No entanto, a imprensa não mostra isso claramente.

Casagrande:

É verdade. Uma grande parte da imprensa brasileira é composta de seguidores do Neymar. Eles fazem de tudo para mostrar coisas positivas sobre ele, principalmente quando joga mal. Se ele perde um gol, por exemplo, eles modificam as manchetes, dizendo que o Neymar fez mais gols do que X, deu mais assistências do que Y. Fazem de tudo para não atacar o Neymar. E se eu ou o (José Ferreira) Neto criticamos o Neymar, eles dizem: "Casagrande persegue Neymar" ou "Neto detona Neymar". Não é verdade. A verdade é que eu e o Neto contamos o que acontece com o Neymar, e as pessoas saem em sua defesa.

Mas é inegável que o Neymar é um cara mimado, que ele não é boa influência para nenhum jogador de futebol nem para a garotada que gosta do futebol. As opiniões dele, quando dá alguma, são completamente desconectadas da realidade. Além disso, Neymar é um cara que cometeu crime ambiental no Rio de Janeiro, desviando um riacho para dentro da casa dele e tirando pedras do lugar, o que incorreu num processo que está em curso.

Neymar é realmente o melhor jogador da sua geração, não surgiram outros jogadores que acompanhassem a sua evolução técnica. Mas de 2018 para cá não aconteceu mais nada de importante feito por ele dentro de um campo de futebol.

José:

Você saiu da TV Globo no momento em que estava no auge. Tinha acabado de sair a sua série na Globoplay, série que aliás estourou em audiência. Foi duro virar as costas para a grana? Isso interessa muito num livro chamado Mídia e Money.

Casagrande:

Quando eu saí, a Globo estava em pleno movimento de se aproximar do entretenimento e se afastar do jornalismo. A cobertura esportiva seguia esse movimento.

Eu entrei na televisão em 1997, quando o (José) Trajano me levou para a ESPN. Depois fui pra Globo. Nessa trajetória, aprendi a fazer o comentário esportivo e a escrever sobre futebol através do jornalismo, não do entretenimento. Quando tudo virou entretenimento, fiquei deslocado. Pois sou uma pessoa bem-humorada e tenho boas sacadas, mas não faço gracinha na televisão. Não vou a um programa esportivo para debater a derrota do Brasil para o Uruguai e achar alguma coisa engraçada. Não vou a um programa para discutir uma briga de torcida em que mataram um torcedor e fazer graça. Encaro seriamente o futebol, não como brincadeira. Isso começou a me afastar das outras pessoas da Globo e da própria direção da TV.

Então, durante a pandemia, bati muito no Jair Bolsonaro, porque ele negou a importância das vacinas, teve um comportamento arrogante e debochado com as famílias que perderam pessoas levadas pela covid. Isso durou até a página quatro da TV Globo. Chegou uma hora em que eles não queriam mais isso. Começaram a fazer uma coisa "mais leve". E eu virei um peixe fora d'água. Hora de ir embora. Resolvi não pedir demissão, porque se eu pedisse eles iam me dar tranquilamente, mas eu ia perder dinheiro. Fui empurrando com a barriga, enquanto a Globo procurava algum pretexto para me dispensar.

Quando finalmente me chamaram para um acordo, eu fui lá e aceitei. Foi uma coisa amigável, não teve discussão. O que aconteceu foi resultado de uma incompatibilidade de visões sobre como fazer cobertura de esporte. Já não cabia para eles terem opiniões fortes, posicionamentos, falar de problemas da sociedade como racismo, homofobia, violência contra a mulher etc. Mas eu acho que isso tem prazo de validade. Um trabalho sem conteúdo tem prazo de validade.

José:

Você acha que vai haver uma reversão desse quadro de jornalismo sem opinião, rápido e rasteiro?

Casagrande:

Eu acho que vai mudar. No meu caso, gosto sempre de deixar bem claro que sou um comentarista e um colunista totalmente independente. Não tenho amizade próxima com ninguém do futebol, nem com jogadores e treinadores, nem com dirigentes. Porque eu quero ter a minha cabeça livre, sem a influência de relacionamentos, sem dever favor para ninguém. Por isso consigo ser enfático, incisivo nos meus comentários.

E acredito que vai chegar um momento em que o público vai querer isso de novo: informação, opinião. Não vai querer mais baboseira. As pessoas vão se perguntar: "Ninguém dá opinião nisso? Ninguém fala nada sobre esse assunto? Só ficam de brincadeirinha, de risadinha, falando sobre futebol ou sobre política de uma forma leve?".

Claro, há momentos leves, mas tem também aqueles em que é preciso ser crítico. Enfim, acho que vai chegar um momento que o próprio público vai reclamar da falta de conteúdo.

José:

Você precisou ter muita firmeza na sua vida. Tanto por ser um homem de opinião firme quanto pelas coisas que enfrentou. Aliás, eu li um dos seus livros, em que você relata com absoluta clareza o que viveu com as drogas, sem romantizar nada.

Casagrande:

Eu venho de uma formação muito ligada aos anos 1960, ao movimento hippie. A questão de experimentar droga pela primeira vez foi uma questão filosófica. Pouquíssimas vezes na minha vida eu usei droga para ficar louco. Usava droga porque fazia parte da minha filosofia de vida, da minha ideologia, da minha liberdade.

O problema foi o vício. Conheço muitas pessoas que usam droga e trabalham, têm família, mas não acontece nada de errado com elas. Mas quem é dependente químico não consegue administrar isso, não consegue se segurar, porque tem um vício mesmo. Então eu fui até o fundo do poço. Fui internado por um ano, depois saí, continuei patinando até encontrar um caminho de recuperação.

Esse caminho passa por vários passos. O primeiro é o mais difícil, mas é aquele que eu vejo como o principal, e é graças a ele que faço os livros e falo abertamente sobre o assunto. Ele consiste em você olhar no espelho e dizer: "Eu sou fraco perante a droga, ela é mais forte do que eu. Eu sou frágil diante dela". Quando você assume isso — e não é uma coisa simples, olhar para si mesmo e assumir que fracassou em alguma coisa —, as coisas começam a mudar.

Não é fácil, porque o ser humano não gosta de fracassos. Ele inclusive os justifica projetando-os em outras pessoas, em outras situações. Alguém ou algo é responsável pela sua derrota, não ele.

O segundo passo, que foi aquele que me fez acelerar na estrada certa, eu dei quando estava numa terapia, ainda internado. O meu psicólogo, que sabia o meu histórico e entrevistou a minha família, me disse que nunca tinha visto uma pessoa com poder e voracidade tão grandes de se destruir. Depois disse: "Mas você tem a mesma voracidade e a mesma força para se recuperar. Você tem que mudar o foco, da destruição para a construção".

Aquilo fez sentido para mim. Um tempinho depois, eu pensei: "Caraca, eu sou atleta, gosto de competir. Agora vou entrar num jogo e vou competir com a droga". O que eu queria era empatar, porque o dependente químico não consegue ganhar da droga. Se ele continuar desafiando a droga, vai chegar o momento em que vai fraquejar e ela o derrubará.

Então, quando senti que já estava bem para continuar evoluindo, parei de jogar. O jogo acabou, pensei, agora vou só voltar ao trabalho, à sociedade, fazer coisas ligadas à cultura. Hoje eu não bebo, não fumo e, obviamente, estou longe de drogas.

A droga dá um prazer imediato que não é natural, é químico. Não existe nada no mundo que possa oferecer algo semelhante, daquela intensidade, porque o prazer da vida normal é mediano. As pessoas que não são dependentes químicas trafegam tranquilamente por esse prazer mediano. Mas quem é viciado em picos de prazer acha isso monótono. Eu já ouvi diversas pessoas em grupos terapêuticos dizerem: "A vida é assim? Pelo amor de Deus, como é chata!".

Então, o meu psicólogo e o meu psiquiatra me propuseram um trabalho: eu tinha que sair toda sexta e sábado para ir ao cinema ou ao teatro. Era obrigado. O psicólogo passava aqui na minha casa e me pegava. Até hoje eu faço isso. Sábado agora eu fui ao teatro e assisti *A Última Sessão de Freud*. Domingo fui ver o novo filme do Martin Scorsese, *Assassinatos da Lua das Flores*.

Resumindo, consegui trocar aquele pico de prazer que a droga dá pelo prazer mediano da cultura. Ir ao encontro da cultura foi o passo final da minha recuperação.

Me sinto muito bem. Troco a droga por um jantar com os amigos, por um café aqui na Vila Madalena. Por um show, como o do Roger Waters, que vou ver daqui uns dias. Mas isso que aconteceu comigo foi a minha estrada, não dá para indicar para ninguém. Cada pessoa tem que encontrar o seu caminho.

Sempre fui ligado à cultura, e chegou um momento em que ela entrou realmente com grande importância na minha vida, não só como entretenimento, mas como cúmplice da minha recuperação. Hoje, para mim, ela tem uma importância gigantesca.

José:

Sei que você trabalhava com o esporte, mas dentro desse canal que já apoiou até a ditadura, como foi a sua relação com a Globo?

Casagrande:

Eu entrei na Rede Globo em 1997 e, rapidamente, consegui um espaço importante. Fiquei 25 anos na Globo sendo comentarista da Seleção Brasileira, ao lado do Galvão Bueno e do Arnaldo Cézar Coelho. Conquistei esse espaço sendo como eu sou, dando opinião, tanto política como cultural e social.

O que a TV Globo fazia em relação à política dela não me importava. Me importava o que eu pensava de política, qual era o meu pensamento, qual era a minha linha. E nós nunca entramos em confronto. Nunca me chamaram para dizer: "Não fala isso", "Não toca mais nesse assunto".

A Globo foi sempre totalmente democrática. E eu fui o cara na TV Globo, dentro do esporte, que mais se posicionou, tanto na luta pela democracia como contra Jair Bolsonaro e Moro. Me coloquei a favor do Lula nas eleições do ano passado. E nunca me falaram nada. Nós conseguimos conviver amigavelmente, com respeito mútuo.

Jamais fiquei puto com a TV Globo apoiando político x ou y. E eles jamais ficaram putos comigo porque eu não pensava daquele jeito. Foi uma relação ótima por esses anos todos, um tipo de relação que está faltando no Brasil de hoje.

Porque agora quem é de esquerda odeia a direita e vice-versa. Se você não tem a mesma opinião que eu, quero te matar, vou te atacar nas redes sociais.

Minha convivência com a TV Globo nesses anos todos em que fiquei lá foi de respeito. E eu me posicionava em qualquer lugar: em programa esportivo, no programa do Serginho Groisman, no Faustão, na Fátima Bernardes etc. Mas eu não saía falando de graça.

A direita me fez muitas críticas, dizendo que eu falava muito de política, que criticava muito o Bolsonaro. Mas nunca fiz isso gratuitamente. Sempre me posicionei porque o assunto surgia, porque alguém me perguntava algo. Alguma coisa concreta estava acontecendo.

José:

Você um dia entendeu que podia utilizar aquela mesma energia que usava para se destruir para se reconstruir. O Brasil vai passar por uma reconstrução agora. Será que ele consegue fazer o mesmo?

Casagrande:

A minha visão do país nesse momento é de que há sabotagem. O governo Lula está sendo sabotado. Isso para mim é muito nítido. Em vez de as pessoas que estão dentro do governo, no Congresso ou no Senado, trabalharem para o país, mesmo sendo contra a esquerda, estão sabotando o Lula.

Ele foi eleito para trabalhar pelo Brasil, não para a direita ou esquerda. Mas muitas instituições o sabotam para tentar criar uma situação de impeachment.

É isso que eu estou vendo, a tentativa de criação de algum fato absurdo (eles tentam sempre criar fatos absurdos) para promover a queda do Lula.

Que não vai acontecer, porque não está sendo feito nada de errado. A maioria das informações que eles soltam é pura fake news. A direita trabalha com a mentira.

Se eu pudesse fazer uma pergunta a Jair Bolsonaro hoje, diria: "O senhor lembra qual foi a última verdade que o senhor falou?". Acho que ele não vai lembrar. Nem ele, nem os filhos dele.

Mas hoje estou muito tranquilo quanto ao meu envolvimento político. Dei um tempo, um espaço para mim, para me aprofundar em outras coisas, como as atividades culturais de que falei.

José:

Você enfrentou alguma resistência ao seu trabalho de jornalista por ser jogador?

Casagrande:

Sim. Quando virei comentarista, a imprensa se mostrou resistente contra ex-jogadores que comentavam futebol. Muitos achavam que quem não era formado em jornalismo não poderia comentar ou escrever sobre futebol.

Eu achava — e acho — isso um absurdo. Se você é um bom jogador há muito tempo e tem capacidade para escrever, além de ser capaz de emitir opiniões próprias, vai ter condições de acrescentar muitas coisas às narrativas e discussões.

Grandes jornalistas como Juca Kfouri, Paulo César Vasconcelos ou José Trajano, com um jogador ao lado, melhoram muito os seus programas. O jornalista e o ex-jogador se completam. É preciso lembrar que só quem esteve em campo conhece as emoções e o lado psicológico do jogo. O ex-jogador sabe dos detalhes que o jornalista não conhece. Por exemplo: um pênalti aos 45 minutos do segundo tempo. O que se passa na cabeça do jogador que vai bater o pênalti? Como é o frio na barriga que ele sente?

Agora, na imprensa digital, todo mundo fala livremente. Mas surgiram outros problemas. Existem aqueles que soltam fake news, para colocar fogo num ambiente qualquer e formar grupos contra alguma pessoa. Manifestam suas "ideias" não como opinião, mas como verdade absoluta.

Mas isso, para mim, é normal, pois a imprensa digital chegou há pouco tempo. Nós ainda estamos perdidos. A questão é como lidar com as redes sociais, onde existem sites de pedofilia, tráfico de garotas, de drogas etc.

A mídia social abriu espaço para tudo, e os oportunistas entraram nela sem nenhum constrangimento. Cometem crimes graves, pesados. E nós ainda não sabemos como lidar com isso. Leis terão que ser feitas de modo a conseguir identificar e coibir esse tipo de comportamento.

Quando isso acontecer, nós vamos ver a mídia digital melhorar, e as transições serão normais. Quem virou jornalista de canal digital poderá passar para o jornalismo tradicional, como aqueles que vieram do tradicional poderão passar para o digital.

Eu, por exemplo, sempre trabalhei em jornal e televisão. E hoje estou no UOL, que é um portal. Cheguei sem saber como funcionava, mas me adaptei. Agora, quando faço um programa, como o Cartão Vermelho com o Juca e o Trajano, parece que estou na televisão.

Não me vejo num portal de esportes, porque na realidade é tudo muito similar à TV. O papo é o mesmo. Apesar disso, os mais jovens acham que os caras da imprensa tradicional são ultrapassados, que não sabem nada.

Ainda estamos na fase de resistência, das acusações. Mas, daqui a um tempo, todos vão ficar mais próximos e se misturar de vez.

José:

Você jogou em Portugal e na Itália. Há mais conservadorismo entre os jogadores de lá? E a imprensa, se mostra mais conservadora do que a nossa?

Casagrande:

Quando cheguei em Portugal para jogar no Porto, era muito jovem. O Porto era um grande time, e nós fomos campeões da Copa dos Campeões de 1987, em cima do Bayern de Munique.

Se hoje Portugal é um país conservador, imagine em 1987. Era um país rígido, que não saía do quadrado, uma coisa muito diferente daquilo que eu vivia no Corinthians.

Mas eu não fui lá para fazer a Democracia do Porto. Fui como profissional de futebol e não como um jogador político.

E a imprensa era muito, muito careta.

Felipe Altenfelder

Felipe Altenfelder notabilizou-se no jornalismo independente por ser um dos fundadores e editores da rede e portal de notícias Mídia Ninja, criada em 2013. Naquele mesmo ano, a rede ganhou notoriedade durante as manifestações de junho, que reuniram milhões de pessoas nas ruas do Brasil. À ocasião, realizou coberturas ao vivo dentro dos protestos, com múltiplos pontos de vista invisíveis na mídia tradicional. Em 2016, representou uma das principais frentes na luta pelo fortalecimento da democracia em meio à instabilidade política. Foi resistência e promoveu inúmeras denúncias aos governos de Michel Temer e Jair Bolsonaro, além de cumprir papel decisivo de conscientização da população durante a pandemia de Covid-19.

José Manoel:

A imprensa tradicional, ligada aos grandes jornais e emissoras de TV, foi perdendo espaço ao longo das últimas décadas. Perdeu credibilidade, tornou-se claramente partidária e passou a divulgar fake news, além de se permitir ser instrumentalizada por processos abomináveis como o lawfare. Nesse ínterim, houve a pulverização da notícia, através da internet, e surgiram novas vozes da imprensa independente que resguardaram a apuração real dos fatos e a verdade que sustenta a democracia. Como você vê a participação da Mídia Ninja nesse contexto?

Felipe Altenfelder:

Em 2023, nós chegamos aos 10 anos da *Mídia Ninja*. Durante a sua pergunta, fui refletindo e percebi que a nossa trajetória se confunde com a criação de um novo cenário do jornalismo, no Brasil e no mundo. Desde o momento em que surgimos, uma soma de fatores fez com que, rapidamente, viralizássemos, ganhando alcance, relevância, impacto e credibilidade. É importante olharmos para essa soma de fatores para conseguir refletir sobre esse panorama.

Acho que um aspecto fundamental é que, hoje, vivemos num mundo onde há uma geração que já tem a mesma relação com a internet que as nossas gerações tinham com a energia elétrica — como algo que sempre fez parte da vida. A minha geração talvez seja a última que tem memória de um mundo sem internet e depois com ela. Nós acabamos surgindo nesse contexto.

Neste ambiente, para além da internet como advento e ferramenta, a nossa também foi a geração que viu surgir o que chamávamos de cultura digital, cuja memória entendemos como algo importante a ser resgatado desde aquela época. Falo de uma visão de mundo que acredita na cultura como elemento central nos modelos de desenvolvimento e no ambiente digital como espaço de troca, compartilhamento, transparência, liberdade, privacidade e neutralidade.

O que vimos nesses dez anos foi uma década de disputa muito intensa em todos os níveis: políticos, estéticos e tecnológicos. A própria internet, depois de concebida, passou a ser disputada pelo capitalismo e pelas grandes corporações de tecnologia. Na política, forças que antes atuavam no subterrâneo, na correlação de forças do espectro, e tinham mais dificuldade de ganhar escala e mobilizar multidões também se apropriaram dessas tecnologias e passaram a disputá-las como canais em todo o planeta.

Foi esse ambiente que presenciamos, literalmente. Não vimos o surgimento da extrema direita, mas acompanhamos o seu crescimento, tornando-se visível como fenômeno social. Junto aqui algumas peças para tentar refletir sobre esse panorama, que é desafiador, sem dúvida. E para enfrentar esse desafio, sempre fazemos questão de reconhecer as nossas próprias conquistas, para ganhar força e olhar com lucidez.

Nos últimos dez anos, vivemos uma transformação radical e positiva, se olharmos para o Brasil. Antes, havia um cenário de completo oligopólio da estrutura de mídia, concentrada nas mãos de seis famílias, se não me falha a conta. Hoje, temos um verdadeiro ecossistema de agentes, organizações, coletivos e comunidades que conseguiram disputar os meios de produção, em diferentes níveis e escalas, mas se apropriando de estruturas que alcançam o mesmo objetivo que a antiga mídia tinha no modelo de comunicação de *broadcasting*, em que uma mesma mensagem atingia uma grande quantidade de receptores.

As redes sociais possibilitam isso. Elas são uma ferramenta que precisamos disputar para continuar conseguindo falar com uma quantidade cada vez maior de pessoas. Também permitem a criação de comunidades. Isso precisa ser compreendido com sensibilidade crescente, atribuindo-se a devida importância ao que chamamos de "nosso campo" na política.

Os nossos adversários já compreenderam isso faz tempo, porque o capitalismo também compreendeu: ele está nas redes sociais o tempo inteiro, formatando produtos, ativando comunidades e, inclusive, gerando novas economias. Precisamos diminuir barreiras e entender que as disputas pelos meios de produção passam hoje pela compreensão das lógicas de funil e pela atualização das estratégias de mobilização.

Saí um pouco do campo do jornalismo, mas esta é a colaboração que a *Mídia Ninja* tem para o debate. Nossa sigla é esta: Narrativas Independentes, Jornalismo e Ativismo. Por isso, acabei falando um pouco da nossa visão sobre narrativas e ativismo.

O jornalismo como tecnologia, que dependia das grandes figuras, redações e veículos, talvez só fosse grande pela métrica do lucro, porque era pequeno na métrica da inclusão e na possibilidade de abraçar os sonhos de gerações que tinham o desejo e a vontade de contar suas próprias histórias. Acreditamos que o jornalismo serve para isso.

O momento é desafiador, mas o jornalismo está muito vivo. Cada vez mais pessoas podem contar as suas próprias histórias.

José:

Eu sou de um tempo em que existia o repórter. A gente tinha uma pauta, investigava, apurava os fatos. Isso acabou? Onde anda o repórter, na sua opinião? Pergunto isso porque vocês fazem um trabalho investigativo forte.

Felipe:

Isso talvez seja um sintoma da sociedade em que vivemos. O metabolismo semiótico vem se acelerando, e a informação, como elemento de poder nessa lógica toda, foi ganhando cada vez mais intensidade e exigindo mais esforço.

A sua pergunta me lembra um ponto que está relacionado à anterior. Hoje, quando você faz jornalismo, tem que combater a desinformação. Parte do serviço de desinformação é justamente descredibilizar a própria imprensa.

Se analisarmos o conjunto, nesses dez anos houve muita transformação no cenário em que a *Mídia Ninja* atua. Nós surgimos com uma novidade na forma. A nossa radicalidade inicial era a transmissão ao vivo, sem cortes. Não ficávamos por trás da linha da polícia, mas na frente, junto com os manifestantes, sujeitos ao mesmo risco.

Podemos debater e ter opiniões diferentes sobre isso, mas o fato de fazermos jornalismo ao vivo não eliminava nosso compromisso com a apuração dos fatos. Não fazia com que não estivéssemos lá motivados por um compromisso profundo com a verdade, expostos ao ponto de vista possível nas condições do momento.

Esse jornalismo feito hoje com o celular, que está nas redes sociais e dá opinião rápida, também é investigativo, também é reportagem. Não acho que seja aí que esteja o problema. O que precisamos é nos unir para valorizar o papel da imprensa, dos veículos e do ensino do jornalismo. A conjuntura atual exige isso.

Sem esquecer que as novas gerações surgiram com o telefone na mão. As linguagens estão se atualizando todos os dias. Se temos como objetivo de o jornalismo fazer comunicação, mas não nos abrirmos para as novas tecnologias, corremos o risco de falhar nesse objetivo.

José:

Vou levantar aqui a questão das bolhas. Até que ponto a Mídia Ninja consegue romper a sua bolha? Até que ponto ela não fala só com as pessoas que já estão em sintonia com o que pensa? Gostaria de saber também qual é a força que você acha que o jornalismo conservador tradicional, como o da Rede Globo e o dos jornalões, ainda tem nesse panorama.

Felipe:

Furar a bolha tem duas dimensões, na nossa leitura. Uma está ligada às métricas de alcance e de impressões, à escala que você consegue dar ao conteúdo que produz. Ou seja, com quantas pessoas você fala. Essa é uma métrica importante. A avaliação da sua credibilidade, inclusive, passa por isso na dinâmica da imprensa.

Mas, com todas as mudanças de paradigma, se balizarmos nosso entendimento apenas por essa dimensão, não teremos uma visão completa do que é necessário para furar as bolhas. Falar com uma grande quantidade de pessoas não garante que você está dialogando com quem pensa diferente.

Como se furam as bolhas, então? Desenvolvendo a habilidade de ativar comunidades. As comunidades são ferramentas que rompem bolhas. Pela força das afinidades e da identidade comum que as unem, as comunidades atraem pessoas de mundos diferentes.

Buscamos trabalhar com isso na lógica das nossas editorias. Muitas vezes usamos os canais da *Mídia Ninja* para fazer perguntas mobilizadoras e convidar o público a participar de comunidades do esporte, do design, do ativismo alimentar, do feminismo, das pretitudes, do cinema, da fotografia, entre outros temas.

Na diversidade das pessoas que compõem esses espaços, percebemos no dia a dia as bolhas sendo furadas. Como elas são temáticas e lidam com desejos e paixões, essas comunidades têm uma energia capaz de levar adiante temas importantes para elas, sensibilizando pessoas que ainda não conheciam o assunto.

Para isso, é preciso estruturar uma linguagem que fale com muita gente, mas que também ouça e interaja. Só assim conseguimos transcender nossos limites e mobilizar as pessoas.

Sobre o jornalismo conservador, temos uma desconfiança estrutural em relação aos jornalões. Uma análise histórica básica mostra que eles colecionaram muito mais participações do lado errado da história do que do lado certo. É fácil perceber que estamos de lados opostos.

Eles se enrolaram nos últimos tempos. Pagaram um preço alto na perda de credibilidade. Pessoas e estruturas que antes não tinham voz nem capacidade de se comunicar passaram a ter. Além disso, a grande mídia fez um jogo arriscado, colocando-se vergonhosamente a serviço de uma farsa judicial que desmoronou aos olhos da sociedade.

Eles também alimentaram um sentimento antipolítico que, em grande parte, compôs o ambiente que deu origem à extrema direita, a qual mobilizou suas comunidades para atacar a própria grande mídia, se apropriando das tecnologias para descredibilizar verdades.

Essa é a clássica história da criação da besta fascista que consome o criador. Na história, já vimos isso acontecer muitas vezes.

Claro, ainda há profissionais incríveis trabalhando dentro desses grandes veículos. Ainda há bom jornalismo sendo feito. Matérias importantes continuam sendo publicadas todos os dias.

Nos anos do governo Bolsonaro, o papel da grande mídia foi facilitado, porque seria o fim da linha se eles se colocassem como panfletistas do bolsonarismo.

Mas a verdade é que as estruturas da grande mídia já não davam mais conta do recado. Vivemos em um país de dimensões continentais, e essas estruturas estão localizadas em poucas capitais. Não dialogam com cinco mil cidades.

O trabalho de base diz respeito a uma visão municipalista do Brasil. E os grandes veículos não têm o menor diálogo com os territórios, com o interior. Nunca nem o quiseram, exceto através da TV, mas não estava na origem deles o diálogo.

José:

Até o processo de concessão das outorgas de difusão sempre foi muito concentrador, não é? Mas, pensando no conceito das comunidades que vocês apresentaram, que sustentam valores coletivos, gostaria que você contasse melhor como elas se formaram e cresceram. É uma experiência valiosa nesse contexto de isolamento dos indivíduos na sociedade capitalista. Gostaria também de saber se vocês levaram muita porrada pelo caminho.

Felipe:

Vou fazer antes uma reflexão sobre as comunidades. Naturalmente, estou aqui vocalizando a síntese de uma experiência coletiva. Misturo a experiência de um grupo de pessoas que, no nosso caso, construiu um dispositivo que chamamos de Casas Coletivas.

Lá no início da nossa experiência, em cidades como Cuiabá, Uberlândia, Rio Branco, São Carlos, por questões estruturais, vimos que morar e trabalhar juntos era uma forma de cortar custos e aproximar nosso empreendimento dos nossos sonhos. Mas a existência desses espaços coletivos no interior do Brasil rapidamente se revelou como laboratórios antropológicos.

Era uma novidade nesses lugares termos um espaço onde as cenas artística e cultural podiam se encontrar livremente para produzir, refletir e usar a internet para se conectar com pessoas de outros estados e países, percebendo que a sua cidade era um ponto do mundo.

Nós nos fortalecemos a partir dessa estrutura e fomos levando essas comunidades adiante. No começo, chamávamos isso de Coletivos.

A jornada de lutas nos aproximou de experiências com outras camadas de enraizamento e ancestralidade. Estivemos em batalhas junto aos povos de terreiro e entramos em contato com os povos indígenas.

Começamos a entender que os Coletivos eram comunidades urbanas. Mas, diferentemente de outras comunidades que buscavam meios de se isolar da sociedade, estávamos ali disputando a cena artística, cultural, política, midiática e estética.

Provocávamos nossa geração sobre a possibilidade de um novo estilo de vida. Isso abala estruturas, porque nossos contemporâneos, desde a escola, foram ensinados a competir uns com os outros, sem compartilhar a busca por soluções. Buscar a solução com alguém ao lado é "colar".

No vestibular, na carreira, na vida, é cada um por si. As pessoas vão sendo formadas nessa lógica, especialmente nas grandes metrópoles. Com vinte e poucos anos, já estão em uma curva de desistência dos sonhos e buscando se encaixar no sistema.

Quando deslocamos nossa mobilização do interior para as grandes cidades, trouxemos para elas uma geração liberta desse sentimento de desistência, com fome de mundo nascida da cultura e da arte.

Com ferramentas de comunicação e ativismo de rua, essa fome de mundo se encaixou. A *Mídia Ninja* surge nesse momento, nessa transição dos Coletivos para as metrópoles. Logo, ganhamos escala rapidamente.

Mas, desde as nossas cidades do interior, já estávamos acostumados a provocar. Sempre tivemos algo de tropicalistas, apoiando os dois lados: uma direita que se sentia ameaçada pelo nosso discurso apaixonante, libertário, transformador, e uma esquerda mais clássica, que também não nos reconhecia como parte da sua árvore genealógica e tinha dificuldade em nos assimilar.

Ao virmos por esse caminho, tomamos muita porrada. Nosso principal escudo sempre foi a transparência. Sempre fomos apaixonados por contar essa história da melhor forma possível.

É uma jornada épica de uma geração que emergiu de cidades do Brasil profundo e promoveu revoluções na arte, na cultura, na mídia, no jornalismo, na economia e na política. Por que apanhamos tanto? Justamente por termos feito tudo isso.

Somos um movimento que mostra a cara. Estamos aqui. Ficamos dez anos no *Fora do Eixo* e dez na *Mídia Ninja*. São vinte anos de atividade no total.

Se olharmos para os movimentos sociais, como o MST, vemos que eles têm quarenta anos. Se olharmos para os jornalões, a *Folha de S.Paulo* tem cem anos, e *O Globo*, sessenta. Ao mesmo tempo em que temos bastante história para contar, estamos só começando.

A nossa narrativa carrega essa energia. Isso faz parte do nosso mecanismo de defesa. Na nossa trajetória, o discurso é muito reto, muito coerente, e se manteve. A diferença em relação ao início é que hoje temos muito mais gente unida, mobilizando e acompanhando o nosso movimento.

José:

Antigamente, líamos os grandes jornalistas e buscávamos os figurões do jornalismo. Hoje, procuramos a Mídia Ninja, o Poder360, a Agência Pública. Você acha que a questão autoral saiu de cena para dar lugar à expressão dos coletivos?

Felipe:

Sim, a coletividade é uma palavra-chave. Mas precisamos ressaltar dois aspectos importantes.

Um está ligado à liderança. Somos um movimento que formou lideranças, com um líder incrível, que é o Pablo Capilé. Ele está diretamente ligado a todo esse processo de articulação e inspiração das pessoas que construíram nossa jornada coletiva. Pablo é um elemento diferencial para se compreender a verdade da nossa história.

A outra coisa importante é a força feminina, protagonista do núcleo duro, da articulação e coordenação de todo o nosso processo. Lenissa Lenza, Marielle Ramires, Dríade Aguiar, Carol Tokuyo, Ana Pessoa, Bianca Lima, Raíssa Galvão, Ísis Maria, entre várias outras companheiras e irmãs de luta, fazem parte dessa soma. Nada do que apresentei antes existiria sem elas.

José:

Diante da relevância dessa experiência comunitária, haveria um decréscimo da importância do autor ou da autoria, como acontecia antigamente, quando buscávamos os grandes jornalistas para saber sua opinião?

Felipe:

O que a gente viu é que a comunidade se tornou infinitamente maior do que nós, isoladamente. No que diz respeito à capacidade de a comunidade devolver confiança, investimento, energia, visibilidade, credibilidade, liberdade, relacionamentos, mobilidade geográfica e subjetiva, quando você está bem resolvido no seu pertencimento à comunidade, ela te devolve tudo isso.

E você sente que a sua capacidade autoral só se desenvolve mais e mais com a força da comunidade. Esse é um paradigma interessante para debater.

No jornalismo, isso é muito significativo. Existem pessoas que só elas conseguem contar determinadas histórias de maneira única, com um olhar específico e com paixão. E há momentos em que essas histórias compõem um mosaico de parcialidades.

No programa Roda Viva, na entrevista com o Pablo, fizeram uma provocação para tentar abalar a credibilidade da *Mídia Ninja*: "Mas vocês são imparciais?". A pergunta foi feita por jornalistas dos jornalões, que vestiam o falso manto da imparcialidade.

O Pablo respondeu que aquela discussão era falsa, que o problema era que eles não assumiam o seu ponto de vista. Em vez de a gente ficar discutindo se é imparcial ou não, num debate raso e pobre, vamos reconhecer que temos um mosaico de parcialidades. E que todo mundo tem direito a dar sua própria opinião. Cada opinião mobiliza a sua corrente de pensamento, os seus desejos e os seus pares.

Do ponto de vista do formato, vivemos há algum tempo a possibilidade do remix, das recombinações. Pode-se pegar um trecho de uma entrevista e usá-lo numa edição. Isso, bem feito, dentro de políticas legais e com o devido crédito e compartilhamento de autoria, vira discurso, vira linguagem. Isso aumenta nossa capacidade de comunicação com as pessoas.

A gente gosta de celebrar as possibilidades que a tecnologia tem apresentado. O Medo e Delírio em Brasília, um dos podcasts mais escutados no âmbito da política e do jornalismo, trabalha com a leitura de notícias que são feitas. Imagino que muitos jornalistas hoje escrevam já pensando que gostariam que suas matérias fossem fonte para o Medo e Delírio.

Há cruzamentos de fontes ocorrendo o tempo inteiro. Precisamos jogar com isso a nosso favor.

José:

A Mídia Ninja faz parte de uma corrente absolutamente libertária, que a gente aplaude de pé e para a qual não imaginamos limites. Mas isso nem sempre acontece no jornalismo do Brasil. Como você vê, diante de problemas que podem surgir da inteligência artificial e do copia e cola usados com más intenções, a questão de um regramento para o jornalismo?

Felipe:

Esse é um desafio que estamos vivendo como sociedade. Em todos os momentos em que a novidade chegou, houve uma reação de temor. Isso vem se repetindo em ciclos históricos.

A tecnologia acelerou muito essas novidades, e há muitas narrativas distópicas, nas quais a ficção se mostra cada vez mais real. Mas, no dia a dia da luta, estamos em busca de soluções voltadas para o presente.

No presente, as ferramentas têm nos ajudado a encontrar caminhos que antes não tínhamos. Temos nos fortalecido a partir desse fato.

A constância dessa prática faz com que a gente entenda que não pode olhar com medo para as ferramentas e tecnologias. Mas há um ponto em que acabam as nossas responsabilidades como indivíduos e como organizações da sociedade civil e começam as responsabilidades do Estado.

Por isso, as políticas públicas, tanto de cultura quanto de infraestrutura e segurança digital, têm que ser levadas muito a sério. Precisam ser respeitadas em todos os âmbitos do governo.

São necessários comitês voltados para um pensamento específico a esse respeito dentro do Poder Executivo, nos âmbitos federal e estadual.

É importante também uma pressão da sociedade civil para que a luta que estamos travando desde o Marco Civil da Internet, com o tripé da privacidade, liberdade de expressão e neutralidade de rede, seja levada muito a sério.

Aliás, a neutralidade de rede foi destruída com a venda de pacotes de dados. "Pague seu plano de celular e tenha acesso ao WhatsApp": isso acabou com a neutralidade.

A defesa daquela linha, dos seus princípios básicos, precisa ser encampada pelo Estado. Ele tem que criar espaços de participação dinâmicos, à altura desse desafio.

José:

Você tem falado da necessidade saudável de nos engajarmos em comunidades. O jornalismo que você pratica olha para fora do mundo digital? Acredita que o engajamento é fundamental para que ele seja praticado de maneira efetivamente democrática junto à sociedade?

Felipe:

Sim, acho que essa prática é bem-vinda, até por tudo isso que apresentei.

Somos uma organização que partiu da cultura e sempre buscou se organizar coletivamente, se articular em rede. Desde que a *Mídia Ninja* se mostrou não como uma mídia alternativa, mas como uma alternativa à mídia, buscamos inspirar mais pessoas a pensar que isso era possível.

Aquilo não era só uma vitória nossa, de um empreendimento que estava em jogo. Era a fertilização de um ecossistema de mídias.

Entendemos que uma postura ativista e um jornalismo cidadão, comprometido com as necessidades da vida das pessoas — e a defesa da democracia passa por isso — é bem-vindo e importante nesse momento que vivemos. Esse jornalismo pode ser uma ferramenta para intensificar a experiência, trazer verdade, energia e capacidade de falar com mais gente.

A imparcialidade, nós já derrubamos, como mito. A isenção, outro pilar do jornalismo clássico, também já se deslocou na forma como as coisas foram se desenhando.

Quero dizer que a *Mídia Ninja* surgiu associando jornalismo e disrupção. Ao longo dos anos, isso já influenciou muita gente, na forma e no conteúdo. Hoje temos uma linguagem e uma tecnologia super validadas. Sempre que vemos novas iniciativas surgindo, o sentimento é de celebração. Quanto mais coisas novas surgirem, melhor.

Salvio Kotter

Salvio Kotter (Ituporanga, 23 de fevereiro de 1963) tem uma formação diversificada, que abrange administração de empresas, música erudita, grego antigo e latim. Autor de diversos livros de ficção e não ficção, fundou a Kotter Editorial, uma editora especializada em literatura, filosofia e política, reconhecida por sua atuação na luta contra o fascismo e pela publicação de importantes autores progressistas. Além disso, Kotter é comentarista e articulista político em diversos veículos independentes, como GGN, Brasil 247 e Viomundo.

José Manoel:

Salvio, é um prazer conversar com você. Tenho a honra de ter meus livros publicados pela sua editora, a Kotter, e não é nenhum exagero dizer que você é um dos mais destacados editores do Brasil. Seu trabalho como editor de poesia, de ficção e de ensaios com assumido viés progressista, livros de suma importância para entender e discutir o Brasil atual e suas mazelas de extrema direita, é notório. Mas você também tem atuado amplamente na imprensa, sobretudo na internet, acumulando uma vasta experiência nisso. Essa vivência, aliada à sua visão como editor e cidadão que atua fortemente contra o obscurantismo das elites que querem transformar o país em seu condomínio privado, capacita você, sem dúvida, para estar aqui, neste livro, entre jornalistas, respondendo à pergunta que queremos lhe fazer.
De onde veio, onde está e para onde vai a mídia? Sei que você tem um ponto de vista bastante original sobre o tema, fundamentado na História, e vou deixá-lo à vontade para discorrer sobre ele.

Salvio Kotter:

É sempre um prazer conversar com você, José Manoel. Nossos debates ao longo desses anos têm enriquecido minha visão de mundo, e me orgulho de ter editado seus livros pela Kotter.

Primeiramente, sim, tenho atuado como jornalista nos últimos anos. Minha experiência se limita à apresentação de programas jornalísticos e à produção de artigos que publico no site da Kotter Editorial, no *Brasil 247* e no *Jornal GGN*. Mantenho contato direto e constante com vários jornalistas renomados nacionalmente, o que estimula minha produção. Contudo, como muitos na área, não passei por uma formação específica, o que é, sem dúvida, um limitador.

Considero, porém, o jornalismo parte do que chamamos de mídia, e, como escritor e editor, e sendo um intelectual, embora modesto, sinto-me, humildemente, um homem da mídia. Afinal, o livro e o jornal nunca se estranharam.

Ultimamente, tenho me dedicado a leituras que ajudam a compreender a mídia contemporânea. Gostaria de compartilhar aqui algumas reflexões e descobertas sobre este momento. Para isso, prefiro começar olhando para o passado e analisando questões que, aparentemente, podem parecer distantes do espectro da mídia.

Navegamos por um novo mundo de locação digital e acumulação passiva de capital. Devemos questionar continuamente as estruturas de poder que moldam nossa realidade midiática e buscar formas de assegurar que o jornalismo seja uma força para a verdade e a justiça, mesmo numa era definida pelo controle corporativo e tecnológico da informação.

Há anos defendo que Gutenberg acabou com a democracia moderna antes mesmo de ela ser instituída. Por quê? Simplesmente porque, ao mecanizar e, assim, baratear e potencializar a comunicação social, perpetuou os meios de comunicação. Os meios, em si, não eram novos; remontam à Antiguidade e dependiam de arautos que, com suas tabuletas, proclamavam os interesses da elite, reconstruindo os fatos segundo o desejo de quem podia comprar a narrativa.

Com a mecanização da reprodução da opinião, inicialmente por meio de panfletos e, eventualmente, em jornais dobrados, qualquer possibilidade de uma opinião independente foi amplamente comprometida devido à facilidade de reprodução de mentiras pela imprensa. Assim, pode-se dizer que a democracia moderna estava fadada ao fracasso desde o início.

Era devastador, mas era só o começo. Surgiram novos meios de comunicação de massa, agora eletrônicos, pelas incríveis ondas do rádio. Sem essas ondas, a história teria sido outra. O fascismo e, principalmente, o nazismo devem muito às ondas do rádio, pois foi por meio delas que conquistaram muitas almas.

Por exemplo, um trabalhador alemão, apolítico e sem tempo para ler jornais, comprava um rádio a prestação. Logo, o rádio começou a ser distribuído gratuitamente sob o regime nazista. Assim, esse alemão começava a formar uma opinião política — que opinião? A opinião publicada.

Houve uma avalanche multiplicadora, pois as principais rádios ou foram compradas ou foram coagidas a propagar um discurso uníssono. Assim, se toda a população passava a ouvir e falar a mesma coisa, pensava a mesma coisa. Nem tudo, contudo, era convencimento; o terror e a angústia também eram exacerbados. Além disso, os locutores incentivavam reuniões públicas, onde surgiam milícias que apoiavam o fascismo, o integralismo, o nazismo e outros movimentos autoritários.

A catástrofe não foi responsabilidade única da imprensa, mas é inegável o papel central que os meios de informação desempenharam, ao lado da propaganda, em grande parte também veiculada na mídia impressa, na última guerra mundial.

Após o pior da guerra, duas bombas nucleares depois, surgiu a televisão, que multiplicou o potencial do rádio, atraindo pessoas que já não viam novidade naquela caixa falante.

Não foi coincidência que, no Brasil, por exemplo, o golpe civil-militar de 1964 ocorreu justamente durante a implantação e o desenvolvimento da difusão televisiva.

Em 1974, Médici liderou a primeira transmissão em cores da TV brasileira. A ditadura foi sustentada, acima de tudo, por uma rede de televisão bem conhecida, o que inclusive motivou um pedido formal de desculpas dessa rede.

Por ora, José Manoel, deixemos o tema da mídia para discutir brevemente a história e a economia. Resumidamente, tivemos a Antiguidade, a Idade Média, o Renascimento e a Idade Moderna. Evitaremos as múltiplas peculiaridades da Antiguidade, sobre as quais tive o privilégio de aprender um pouco graças à literatura antiga, para falarmos primeiro sobre a Idade Média, mais precisamente sobre a Alta Idade Média, quando os feudos se desenvolveram consideravelmente.

Os feudos, como sabemos, eram dominados por pessoas próximas à realeza, que recebiam grandes extensões de terra para explorar. Essa exploração ocorria por meio do aluguel de espaços agricultáveis para os servos trabalhadores, embora também ocorresse por meio de intermediários, ou seja, pessoas que alugavam grandes extensões de terra que exploravam realocando-as.

O aluguel era pago por meio da meação, ou seja, com metade da produção da própria terra. Os senhores feudais viviam em burgos, cidadelas bem muradas, protegidas de bandoleiros e exércitos estrangeiros, e distantes dos campos produtivos.

Nos burgos havia outra classe de pessoas que trabalhavam tanto para os senhores feudais quanto para os camponeses e outros burgueses. Com o tempo, os burgueses passaram a ter condições melhores do que os camponeses, com alguns alcançando uma situação muito mais favorável.

Eles tinham dinheiro e luxos semelhantes aos dos senhores feudais, mas, como não possuíam "sangue azul", não detinham poder político. Isso os levou a uma revolta que é a base da Revolução Francesa.

Naturalmente, a Revolução Francesa é muito mais complexa, mas o que foi dito aqui atende plenamente ao propósito da narrativa. Ainda assim, vale destacar outro fato: a França daquela época, ao contrário dos outros grandes reinos da Europa, era um reino absolutista, ou seja, o rei tinha poder absoluto sobre os três poderes e, portanto, poder de vida e morte sobre as pessoas.

Nesse sentido, era um reino atrasado em dois séculos em relação à Inglaterra, e isso pressionou para que houvesse a Revolução Francesa, da qual os burgueses saíram relativamente vitoriosos e passaram a influenciar diretamente a economia e a política do país.

Talvez fosse mais adequado dizer que, devido à Revolução, os aristocratas se viram obrigados a acolher entre si parte dos burgueses mais abastados, ao invés de afirmar que os burgueses destronaram os aristocratas.

Mas essa é uma outra discussão, que vale a pena. O fato é que, desde a Antiguidade até os dias de hoje — e, creio, também nos dias futuros — existe uma elite no comando.

O que interessa para nós aqui é que, nesse processo revolucionário, de maneira gradual, passamos do modelo feudal para o modelo capitalista.

O modelo feudal era baseado na renda, enquanto o capitalismo é fundamentado no lucro, obtido pela exploração da mão de obra. Assim, os burgueses que antes eram explorados pelos aristocratas, agora passaram a explorar o proletariado.

Em linhas muito gerais, o que se percebe é o seguinte: se uma classe está sendo oprimida, ela tende, com o tempo, a se organizar, se fortalecer, tomar consciência, se revoltar e tomar o poder.

Daí se conclui que o caminho natural da história seria que o proletariado, ao se conscientizar, se organizar e se impor, fizesse sua própria ditadura.

Seria mais ou menos o fim da história, já que eles são a ponta de lança e não teriam a quem explorar, exceto a si mesmos. O lumpen não entra em questão, já que, como tal, não participa da produção de riquezas.

Chegamos agora a um ponto de inflexão. É necessário dar um grande salto para a década de 1990, que marca o início de uma grande nova revolução, embora silenciosa, que começa imediatamente após a queda do Muro de Berlim.

Isso pode ser simplesmente uma coincidência histórica, embora dificilmente tenha sido, até porque a queda do muro simbolizou o fim da Guerra Fria.

No pós-guerra, temendo que o comunismo se alastrasse pela Europa, foi estabelecido o que se convencionou chamar de Estado de Bem-Estar Social, no qual os capitalistas cederam à classe trabalhadora um grande número de benefícios.

Em meados da década de 1970, já estava suficientemente claro que a União Soviética havia perdido força e já não representava o mesmo risco de antes: havia voltado a chegar a hora do capitalista.

Margaret Thatcher, no final dos anos 70, aproveitou a crise do carvão na Inglaterra para atropelar os avanços sociais anteriormente concedidos e implantar, em 1979, um novo modelo de capitalismo, o neoliberalismo, seguido por Reagan no ano seguinte. A ideia central era tornar o Estado mínimo, de modo que atendesse, e apenas parcialmente, à segurança, educação e saúde — sendo esses três itens também objetos de privatização.

Além do Estado Mínimo, havia outra palavra de ordem: globalização. A ideia era simples: o maior come o menor. O primeiro mundo exploraria a América Latina, o Oriente Médio, a Ásia, a África, e assim por diante.

Contudo, algo deu errado. A globalização acabou favorecendo principalmente a China e, em menor grau, a Índia e outros países em desenvolvimento. Enquanto isso, a Europa e os Estados Unidos foram perdendo mercado e, com ele, postos de trabalho e renda.

Em 1994, o PIB do Brasil era maior que o da China. Hoje, considerando-se a dívida externa de cada um, a China já ultrapassou o império e é mais rica do que os próprios Estados Unidos, que, no entanto, não perderam a primazia militar.

A situação se complicou. O neoliberalismo entrou em crise e, com ele, o capitalismo começou a declinar.

Como não existe vácuo, algo começou a tomar seu lugar. Quando percebi isso, chamei o fenômeno de neofeudalismo, ainda que fosse, digamos assim, uma observação tosca, de um observador externo, não de um especialista.

Foi quando descobri Yanis Varoufakis, um grande intelectual e economista, que deu a esse fenômeno o apropriado nome de tecnofeudalismo.

José:

Sim, o tecnofeudalismo de Varoufakis. Fui pesquisar depois que você me falou dele. Como a mídia sofre o impacto do tecnofeudalismo? Como ela se transforma em função disso?

Salvio:

Claro, o nosso assunto é a mídia. Vamos a ela. Vimos que a mídia, como tal, surgiu em pleno feudalismo, com Gutenberg, e se desenvolveu no capitalismo. Mas hoje — e essa é a tese do que estou defendendo — ela está, na forma e no conteúdo, sofrendo uma nova mudança, um novo passo, um passo tão grande que deu a volta e está nos levando para trás, para um modelo econômico análogo ao feudal.

Queremos falar de mídia, mas é preciso tratá-la de forma orgânica, integrada à história e à economia, e não de forma avulsa, separada. Jornalismo, mídia, história e economia são disciplinas siamesas.

Bem, mas o que é o neofeudalismo? No que difere do capitalismo? Em linhas muito gerais, é a volta ao aluguel como base acumulativa, ao contrário do capitalismo, que é centrado no lucro, obtido pela mais-valia, certamente, mas que, ao contrário da renda, precisa ser em grande parte reinvestido, gerando empregos e desenvolvimento — algo que não acontece com a renda do arrendamento.

A ideia do aluguel coexistiu com o lucro no capitalismo, principalmente por meio do capital financeiro — o aluguel de dinheiro. Alguém tem um dinheiro e, ao invés de utilizá-lo para o próprio bem-estar ou para investir numa indústria, aluga para outrem. Lá na frente, esse outrem devolve o dinheiro e o aluguel dele (o juro).

Isso sempre foi fundamental para o funcionamento do capitalismo, como fomento. Contudo, a partir dos anos 1970, começou a haver uma financeirização dentro do capitalismo, acarretando uma série de mudanças e problemas. A renda é sempre muito mais problemática que o lucro, e vamos entender por quê. Essa financeirização não para de aumentar desde então.

Outro tipo de aluguel que sempre conviveu bem com o capitalismo é o aluguel imobiliário, notadamente o comercial, já que diminui a necessidade de volume de capital para gerir um negócio.

O foco na financeirização foi fazendo com que cada vez mais industriais se desfizessem de suas indústrias e passassem a investir no mercado financeiro. Assim, muito dinheiro foi canalizado para o mercado financeiro, o que já representou, digamos assim, uma espécie de primeiro ataque ao capitalismo.

Mas o grande ataque mesmo surge com o neofeudalismo, ou tecnofeudalismo, como prefira. A ideia subjacente ao tecnofeudalismo é a de passar a alugar tudo.

Pensemos agora mais diretamente na questão da mídia. Ela passou, ao invés de produzir jornais, imprimir jornais e vender jornais, a distribuir de outra maneira, por meio do licenciamento de um canal eletrônico de notícias — o que equivale a alugar a notícia.

Mas a coisa vai muito mais longe. Alguns conglomerados econômicos perceberam a enorme vantagem de voltar ao modelo feudal. Eles passaram a possuir grandes “glebas” que começaram a alugar. Só que eles jamais compraram glebas físicas; eles construíram planetas inteiros e únicos. Importante: planetas de dimensões infinitas.

José:

Você poderia nos dar um exemplo disso?

Salvio:

Sim, vamos a um exemplo prático. Pensemos no YouTube. O YouTube nada mais é do que um planeta, ainda que metaforicamente. Ele é um planeta que fica alugando um pedaço para um, outro pedaço para outro. Eu mesmo tenho um canal, você tem outro canal, e a gente vai trabalhando... gerando conteúdo que atrai audiência, que gera recursos, distribuídos por meação. No nosso canal, por exemplo, entra um pouco de dinheiro, mas entra uma quantidade igual ou maior para eles, que nada fizeram além de arrendar o espaço. Veja que a mídia que era impressa também passa para esse modelo. Ela compra outro planeta. Ela faz um novo planeta, de dimensões infinitas, e fica alugando glebas. E é interessante que, para o novo senhor feudal, tecnológico, nem só o trabalhador rende, mas também quem consome os produtos desse trabalhador, no caso, a audiência. Sempre que a gente entra numa rede social e dá um like, está gerando riqueza para alguém. O like vale dinheiro; o dono do planeta cobra esse like que o trabalhador conquistou dos seus anunciantes. Tudo bem, um like pode ter um valor ínfimo, mas não é zero. O dono do planeta ganha de todo mundo. A gente comprava músicas em alguma loja, botava num aparelho e ouvia música. Agora você aluga;

você paga por mês lá para o Spotify, por exemplo. A gente tinha o hábito de comprar filmes em fitas ou discos, agora aluga. Mas a coisa vai bem mais longe. Quando precisávamos de alguma coisa, normalmente íamos ao shopping. Agora vamos à Amazon, que tem um instrumento muito idêntico ao do YouTube, do Facebook etc. Quase todos têm mais ou menos o mesmo princípio: o de não produzir nada, apenas alugar espaços. Eu mesmo alugo espaço na Amazon para vender meus livros, os livros da minha editora. Então, o que é isso? Isso é o ocaso do capitalismo em marcha.

O capitalismo é baseado no lucro, e o lucro, como vimos, tem problemas, mas tem uma virtude: necessariamente precisa ser reinvestido. Se o lucro não for reinvestido, a empresa que o gerou tende a desaparecer do mercado, porque sempre precisa estar melhorando tecnologicamente e expandindo-se. No capitalismo, quem estiver parado está regredindo. Essa é a ideia do capitalismo: o lucro tem o lado virtuoso da necessidade de reinvestimento, o que gera emprego e desenvolvimento. As coisas funcionam. Já no modelo feudal, nada é gerado. Por exemplo, se alguém aluga um imóvel por vinte anos e guarda todos os aluguéis, pode adquirir um imóvel idêntico ao lado do outro, e isso sem ter feito absolutamente nada, sem ter gerado riqueza alguma. Aliás, é muito comum confundir-se dinheiro com riqueza. Dinheiro pode até simbolizar, dentro de um sistema pactuado, a riqueza, mas riqueza é apenas aquilo que serve ao homem, seja por necessidade ou por desejo. O mundo só se desenvolve se produzir riqueza; se produzir apenas dinheiro, a única coisa que vai gerar é inflação. E o que produz riqueza? Uma única coisa: o trabalho. Nem mesmo o ouro tem valor enquanto não for minerado. Um tronco de mogno jogado em um terreno nada vale, é antes um estorvo. Depois de ser transportado e processado em caibros e tábuas, se transforma em riqueza. Assim, apesar de todos os problemas que tem, o capitalismo, mesmo explorando a mão de obra, gera verdadeira riqueza. O feudalismo, o neofeudalismo e o aluguel, por outro lado, não geram riqueza alguma.

No período feudal, o mundo economicamente não cresceu nada, não melhorou o bem-estar das pessoas, não desenvolveu nada. Porque tudo que era gerado era consumido por quem produzia e acumulado por outro, a seu único favor. Vale aqui um parêntese. Existe, na mitologia nórdica, o mito de Fafner. Fafner, junto com o irmão Fasolt, conquistou uma grande quantidade de ouro e um anel mágico. Fafner mata o irmão para ficar sozinho com o ouro e o anel. Ele leva o tesouro para o meio de uma floresta e usa o anel para se transformar em um dragão, após o que se senta em cima do ouro, cuidando para que ninguém o roube. Trata-se de uma espécie de síntese desse novo senhor feudal: como ele não precisa reinvestir, apenas acumula, acumula e investe no mercado financeiro, para ficar seguro. Mas ele só pode existir como parasita de um sistema produtivo. É um câncer desse sistema e, se tudo continuar a evoluir como está, esse câncer inevitavelmente matará o hospedeiro.

Hoje, para falar de mídia, temos que falar de bits, de mídia digital, desse universo, desse multiverso, desse metaverso que é esse mundo do aluguel, esse mundo do acúmulo que surgiu antes que os proletários de todo o mundo se unissem. Se isso tivesse acontecido, ou se um dia acontecer, teremos o exato inverso do que estamos vivendo. Infelizmente eles, os donos do capital, conseguiram se tornar nossos senhores e, ao mesmo tempo, nossos censores. Não há mais como viver fora da internet; está tudo dominado, caímos nas suas redes, e dentro dessas redes nos dizem o que podemos falar, o que devemos calar, o que você pode noticiar, quem deve nos ver ou ler. Vejamos o caso de Julian Assange, um jornalista que apenas falou a verdade. Estudei esse caso. Traduzi um livro escrito pelo relator da ONU sobre esse assunto e, por isso, conheço-o em detalhes e posso garantir: não há crime algum, jamais houve. A Suécia desempenhou o lamentável papel de submissa aos Estados Unidos, forjando acusações criminais de ordem sexual que jamais ocorreram, como está amplamente provado.

As redes vão limitar você, vão moldar você, vão tomar seu pensamento. Você já não vive fora dessa bolha e já trabalha para ela. Você vive para essa bolha, dentro dessa bolha, preocupado com o momento em que ela possa cancelá-lo, o que hoje é uma "morte em vida". Quando eu estava ativamente praticando jornalismo, com um programa diário de entrevistas, eu já sentia esse medo. Um dia você diz uma palavra descuidada e tudo acaba, você é cancelado.

Falar de comunicação hoje, me parece, é falar desses assuntos. É entender isso. Refiro-me a entender o passado até aqui, porque tudo o que temos é o passado. O presente é tão fugaz que equivale à inexistência. E o futuro é uma construção que fazemos, espelhada no passado. Metafísica não há, o que existe é isso. Provavelmente o que estamos vivendo hoje está espelhado no que aconteceu, por exemplo, no início do século 20, com o rádio, algo que transformou demais a vida das pessoas.

José:

Mas, na era do rádio e da televisão, as pessoas não interagiam, não se sentiam "autoras".

Salvio:

Exatamente. Com a internet, a ilusão é dupla, pois nos faz acreditar que somos criadores de conteúdo, quando, na verdade, somos no máximo replicadores, e isso nos é apenas consentido. O capitalismo já nos ilude dizendo que escolhemos as coisas. Balela! Por exemplo, você vota, mas alguém já escolheu em quem você pode votar ou não. Você acha que escolhe uma calça, mas ela foi escolhida pela moda. Você sequer tem acesso a qualquer outra, a menos que customize. A expressão do momento é "liberdade de expressão", um mantra repetido por eternos replicadores. O país da liberdade é o que mais prende no mundo, mas também o que mais invade, mais destrói em nome da liberdade que não admite que alguém tenha. A internet levou ao paroxismo a ideia de protagonismo. Eu mesmo, confesso, tive a tremenda ingenuidade de pensar, quando a internet surgiu, que o jornal *Folha de S.Paulo* iria falir, porque agora qualquer um poderia criar um jornal. Ingenuidade absurda, porque, para você manter um jornal na internet, precisa de uma equipe trabalhando, alimentando aquilo, pesquisando. Ou seja, tudo como antes: sem capital, não tem como. Na maioria das vezes, pouco importa o que queremos falar, acabaremos falando o que nos instigam a dizer. Quase não há pensamento ou opinião na internet, exceto a opinião publicada. Existem algoritmos trabalhando para que ajamos de certa maneira.

Para terminar, sugiro a leitura do livro *Os engenheiros do caos*, de Giuliano da Empoli. Nele é possível entender como funcionam os algoritmos.

Stefani Costa

Stefani Costa é natural de São Paulo. Estudou jornalismo na Faculdade Cásper Líbero e na PUC Goiás. Radicada em Lisboa desde 2018, atua como repórter na Revista Brasil Já, correspondente para o site Opera Mundi e escreve na Jacobin Brasil. É cofundadora da Hedflow Mídia e já passou pelo portal de notícias Sapo. Colaborou nos veículos Brasil 247, Diário do Centro do Mundo (DCM), Brasil de Fato, ICL Notícias e Correio Braziliense. Teve reportagens publicadas nos jornais A Tribuna Piracicabana e A Voz do Operário. Em março de 2024, esteve na cobertura da eleição presidencial na Rússia e na Guerra da Ucrânia.

José Manoel:

Stefani, a gente sabe que existia uma mídia centralizadora na época anterior à internet, quando a televisão e o jornal impresso comandavam o jogo, que no Brasil era basicamente arbitrado pela Globo, Estadão, Folha de S. Paulo e Jornal do Brasil. Esses veículos centrais faziam o jogo do poder, embora às vezes mostrando uma pose quase caricata de esquerda. Quando eles perderam o trono, com o advento da internet, surgiu então uma mídia alternativa, completamente diferente, que veio trazer notícias que eles escondiam, devido ao seu alinhamento com o poder de direita. Dentro desse quadro de transformações, como você vê a mídia hoje?

Stefani Costa:

A reportagem é a alma do jornalismo. E ela está cada vez mais precarizada, mais destruída. Hoje existe um jornalismo baseado em Ctrl C, Ctrl V. As pessoas copiam os outros e não há um aprofundamento em absolutamente nada, é tudo muito superficial. São feitas análises que têm a profundidade de um pires. Vejo tudo isso como um cenário preocupante, onde não se desenvolve um pensamento crítico. O jornalista passa a ser apenas um porta-voz de interesses diversos, principalmente econômicos. A verdadeira reportagem não é valorizada. Vou dar um exemplo. Acabei de fazer uma cobertura da guerra na Ucrânia. Fui fazer a cobertura pelo *Opera Mundi*, mas fui como uma jornalista independente, contratada como freelancer. Quando recebi a proposta, resolvi conversar com outros colegas e percebi que existe uma desvalorização da reportagem, daquele trabalho de campo em que você fica no local por alguns meses, conhece pessoas, conversa, investiga, corre riscos. Por isso é cada vez mais difícil fazer reportagens. As empresas de comunicação não querem investir, os jornais não querem gastar com isso, passagem, estadia, visto, equipe, equipamento etc. É um gasto elevado e, infelizmente, quem consegue arcar com isso com mais frequência, hoje, são os grandes veículos, que ainda assim o fazem com muito menos frequência do que faziam antes. Para as mídias independentes, alternativas, é praticamente impossível pagar pela boa reportagem. Então a gente meio que fica preso numa narrativa de uns poucos.

Eu fui fazer a reportagem sobre a guerra justamente num local que hoje é censurado pela imprensa europeia, o Donbass, no leste da Ucrânia. Depois que a Rússia resolveu invadir o Donbass, a União Europeia simplesmente bloqueou todos os veículos de comunicação russos. As notícias que chegam aqui para as pessoas são as que partem de um só lado da guerra, o de Kiev, que é o lado da OTAN e, portanto, dos Estados Unidos. Veja então a importância de se fazer uma reportagem a partir do Donbass! Aquele povo já estava em guerra para se separar da Ucrânia há mais de 10 anos, mas quando a Rússia resolveu invadir a Ucrânia, simplesmente tudo foi apagado, não se fala mais dos problemas anteriores nos jornais. Agora é como se só a Rússia atacasse a Ucrânia, como se só ucranianos morressem, como se só um lado tivesse baixas, feridos e destruição, o que absolutamente não é verdade. Então o que eu fiz? Propus mostrar o outro lado. Acho que a reportagem, o jornalismo, é isso: ouvir os dois lados. Claro que dar voz para um nazista, para um fascista, não é ouvir outro lado; é dar palco para quem não deveria entrar num debate público. Mas é importante ouvir ambas as partes envolvidas, e isso normalmente não acontece hoje por conta de interesses que vão além do jornalismo.

O monopólio da mídia infelizmente é algo que ainda existe, mas, claro, também há uma resistência. Oferecer resistência é o nosso papel como mídias e jornalistas independentes. Buscamos despertar as pessoas para uma nova perspectiva, uma nova visão de mundo. Queremos que elas não estejam sob o domínio daquela narrativa pronta, feita pelos grandes veículos.

O que mais me choca nesses grandes veículos é quando, por exemplo, há um problema na Síria e o correspondente fala de Washington. Do que ele vai falar se o problema é na Síria? Por que ele não está sequer em algum país vizinho? É impossível levantar os fatos assim. Podemos fazer a pergunta: será que esses grandes jornais não têm condições de mandar um repórter para

Moscou, para Kiev ou para a Jordânia? É por isso que acho que existe hoje esse desgaste, essa precarização da reportagem. A cada dia as matérias se tornam mais superficiais, sem aprofundamento, sem uma discussão dialética da história, sem contexto sequer. Os jornalistas estão sendo cada vez mais preparados para fazer o fast food jornalístico.

José:

Além da questão da grana que comanda o jogo, não há também a da formação do profissional? Porque ser repórter é um estado de espírito. O verdadeiro repórter é investigativo, não publica nada sem checar as fontes, como você fez na Ucrânia. E olha que você não foi fazer um passeio na Disney.

Stefani:

Com certeza. A extrema direita fala do marxismo cultural nas universidades. Eu só fui ter contato com textos revolucionários depois da faculdade. Na faculdade de jornalismo a gente aprende a técnica, um pouco de teoria, outro tanto de história do jornalismo e de história da comunicação... São poucos os cursos hoje que oferecem um aprofundamento, alinhando técnica e teoria. Então, se você não tem faro de repórter, você vira um robozinho treinado para fazer aquilo que o mercado editorial vai exigir. E com isso não desenvolve um pensamento crítico, não se interessa em se aprofundar em um determinado assunto. Mas nada disso é por acaso, tudo faz parte do sistema de dominação. É a mesma coisa que acontece, por exemplo, no Direito. Quantas faculdades de Direito existem no Brasil? E quantos profissionais competentes? O Brasil é o país da Lava Jato, um dos maiores escândalos judiciais da história mundial. Devemos nos perguntar então como funcionam essas faculdades, quais são os seus critérios, qual é o preparo que o aluno tem. Eu estava conversando esses dias com um advogado que me contou que a prova da OAB hoje só exige decoreba, não é preciso usar o pensamento crítico. Também não é necessário escrever, nem minimamente. Algo como uma questão que pedisse ao aluno para imaginar que está fazendo um inquérito no Ministério Público simplesmente não existe.

A faculdade hoje não acrescenta absolutamente nada ao espírito de percepção da realidade. É por isso que agora, quando um repórter vai a campo fazer uma reportagem, fica perdido, nem sabe por onde começar, porque não sabe o que está acontecendo. Vamos pegar a questão da Venezuela. Vi muitos colegas indo para a televisão comentar coisas que não faziam o menor sentido. Não conheciam o contexto, não sabiam, por exemplo, que a Venezuela já passou por uma guerra civil. Achavam que aquela era uma simples eleição para defender a democracia, coisa que as pessoas repetiram feito papagaio.

José:

O neurocientista brasileiro Miguel Nicolelis, que é uma referência mundial na sua área, disse no seu livro, O verdadeiro criador de tudo, que ele entende que a inteligência da humanidade está diminuindo por causa da nossa profunda imersão digital. Nos afastamos da realidade e já não fazemos raciocínios básicos. Isso que você acabou de dizer não teria conexão com este fato apontado pelo Nicolelis?

Stefani:

Talvez. O que posso dizer é que o jornalista hoje me parece um papagaio que repete a opinião mundial. Faz coro com ela. Ele vai em busca dessa opinião, não da investigação. Quer dar uma resposta rápida, precisa de um post rápido porque não tem tempo. Essa correria também é devastadora.

José:

O jornalista Rogério Galindo, que eu também entrevistei aqui, falou que não concorda com velocidade para dar informação porque isso é loucura, acaba com qualquer aprofundamento. A saída para esse jornalismo que você representa, o jornalismo independente, não é justamente trocar a correria pelo aprofundamento?

Stefani:

Eu concordo. E aí a gente volta para a questão da precarização, porque ela impede o jornalista de se aprofundar. Um trabalho investigativo bem feito demanda dinheiro, tempo, disposição. Coisa que não interessa às grandes empresas e que as independentes muitas vezes não têm condições de bancar.

José:

Isso tudo também faz parte de um plano capitalista para emburrecimento da humanidade, porque é muito mais fácil controlar esse gado sem opinião, sem ponto de vista crítico. Isso dá muito lucro para a minoria que está no poder.

Stefani:

Claro. Esse negócio da velocidade que você mencionou é importante nesse sentido. As Big Techs estão engolindo o jornalismo por causa dessa questão da rapidez, de ter que ter resposta rápida e pronta para tudo. O jornalista é responsável pelo que escreve, responde por isso. Mas as Big Techs não querem saber de responsabilização, só querem lucro, não importa como. É por isso que a gente luta muito e fala da importância da regularização das mídias sociais. Porque mídia social é uma coisa, jornalismo é outra; mas chegamos a um ponto em que está tudo misturado. Mídia social e jornalismo agora são quase a mesma coisa. Você deve se lembrar de um caso recente de uma mídia social que soltou uma notícia que provocou o suicídio de uma menina. Nesse caso, quem se responsabiliza? Quem vai responder por isso? É preciso ter responsabilidade pelo que se escreve. Veja bem, uma rede social que faz a vez de jornalismo solta uma notícia como essa e provoca uma tragédia... Por isso a regularização é fundamental.

Há também a questão das fake news. É muito fácil compartilhar notícia falsa, alterar o que uma pessoa disse, utilizando, por exemplo, a inteligência artificial. Hoje a IA consegue pegar a minha voz e mudar o que estou falando. Isso representa um risco brutal, não só para o jornalismo, mas para toda a humanidade.

José:

Voltando à guerra na Ucrânia. Quantas jornalistas independentes como você estavam lá trabalhando?

Stefani:

Havia mais jornalistas lá em 2022, quando houve a invasão, que foi pesada. A maior parte, porém, como já falei, está sempre do outro lado, não do lado do Donbass. A única mulher jornalista brasileira a ir para lá fui eu, não tenho conhecimento de outra. Quer dizer, me falaram que foi uma da *Euronews*, mas não sei se ela chegou a ir ao Donbass. Além disso, ela fez a cobertura em inglês, não em português, porque trabalhava para a *Euronews*. Falava do ponto de vista europeu, unilateral. Então, nem conta.

José:

Nesse momento, isso quase não acontece, o jornalista que vai a campo e investiga a sério. Conta pra gente um pouco como foi esse trabalho lá no Donbass.

Stefani:

Fiquei um mês lá, o que foi pouco; num contexto de guerra, você precisa de tempo. Porque, quando você chega, é um inimigo, até que se prove o contrário. Ninguém confia em você. Ninguém dá conversa, muito menos informação. Além disso, eu estava sem equipe, e a logística era complicada. O que me ajudou foi o fato de eu ter ido com dois colegas jornalistas, que já vão para lá há muito tempo para cobrir o conflito. Graças à experiência adquirida por eles, consegui visitar hospitais, falar com militares, ir para a linha de frente. Entrei em campos de refugiados, onde havia pessoas que tiveram a casa explodida, perderam tudo e estavam lá aguardando receber documentos. Acompanhei as eleições da Rússia no Donbass.

Aliás, eu fui lá para isso, para acompanhar o processo eleitoral. Foi a primeira vez em que os territórios anexados pela Rússia — Lugansk, Donetsk, Kherson e Zaporizhia — participaram das eleições russas. Como era algo inédito, histórico, achei importante.

Para fazer o meu trabalho, tive que conquistar a confiança das pessoas, o que exige passar confiança, mostrar que você está ali realmente para relatar os fatos, descrever o que realmente está acontecendo.

Tive a oportunidade de conhecer uma fábrica de uniformes de polícia, de bombeiro etc. Agora essa fábrica está fazendo uniformes militares de guerra, faz até coturnos. Uma coisa que me marcou muito é que o dono da fábrica, numa sala com janelas cobertas por tapumes (eles desistem de repor os vidros, que são reiteradamente quebrados pelas explosões) e buracos de bala nas paredes, me apresentou uma marca que ele criou para ir a uma exposição em Moscou. A marca se chamava Feito Sob Bombardeio.

Depois, me contou que os trabalhadores da fábrica trabalhavam menos de oito horas por dia, para poder voltar mais cedo para casa, ainda de dia, com mais segurança. Isso porque a maioria deles morava na periferia, onde estão as linhas de frente da guerra, onde as pessoas morrem mesmo. Foi na periferia que eu participei do enterro de três crianças da mesma família, mortas por uma bomba do exército ucraniano lançada sobre a sua casa... Lá há muitas mulheres trabalhando, porque boa parte dos homens está na guerra. Quase não se vê homem na labuta do dia a dia, só uns poucos na construção civil. É uma realidade completamente diferente.

José:

Os outros jornalistas que você encontrava por lá eram jovens como você?

Stefani:

Sim, todos mais ou menos da minha idade, entre trinta e quarenta anos. Não encontrei nenhum jornalista, digamos, acima dos 50.

José:

Você também está trabalhando para uma revista destinada à comunidade brasileira em Portugal, não é?

Stefani:

Sim, a *Brasil Já*. Assinei contrato com eles depois da cobertura da guerra. Mas já antes de viajar, eu tinha feito uma matéria aqui para a segunda edição da revista, contando a história do André Ventura, que é o líder do Chega, o partido da extrema-direita que, infelizmente, vem crescendo em Portugal. Contei a história dele, a história do partido, o envolvimento de brasileiros nisso. Está cheio de brasileiro que entrou nessa. Tive que ficar dois meses ouvindo podcasts do André Ventura, imagina! Também tentei falar com ele, mas não me atendeu. Sabia que ele não ia me atender, porque me odeia. Mas, enfim, como repórter, eu tentei.

Quando estava no Donbass, a revista saiu. O André Ventura logo gravou um vídeo com a revista numa mão e uma tesoura na outra, falando que a gente o estava comparando com a Alemanha nazista. E realmente estava.

José:

Como você vê o futuro do jornalismo independente?

Stefani:

Eu vivo em Portugal, mas, claro, sempre estou conectada com o Brasil. E no Brasil a gente tinha uma expectativa muito grande com a volta do governo Lula. A gente esperava que o governo Lula olhasse para as mídias independentes, que inclusive foram contra o golpe, defenderam o Lula quando ele estava preso, pediram que fosse libertado e desmascararam a Lava Jato. Foram as mídias independentes que lutaram contra o bolsonarismo. Então achamos que haveria uma reformulação na distribuição de verba pública para a comunicação, com a qual o jornalismo independente nunca foi apoiado. Mas, infelizmente, o que a gente anda vendo é que o repasse continua sendo feito para as grandes mídias, para os grandes conglomerados, que já têm outras fontes de renda.

Por tudo isso, nesse momento, o que existe entre nós é muito mais um trabalho de equipe, em que um puxa o outro. É a própria comunidade, por exemplo, que paga as lives e matérias, que paga o jornalismo independente, através de doações e assinaturas. Por isso, precisamos formar uma comunidade, mostrando a ela a importância de se ter um jornalismo livre, que vai até o lugar aonde ninguém vai, valorizando a informação. Temos que criar essa consciência nas pessoas, politizá-las para que elas entendam que o jornalismo não é entretenimento. Ou até pode ser, mas esse não é o seu objetivo principal. O objetivo principal é informar, trazer algum tipo de capacidade reflexiva, de pensamento crítico.

E para que isso seja possível, a gente precisa investir em reportagem, levar o repórter a campo para investigar, levantar os fatos. Sem Ctrl C, Ctrl V ou busca no Google.

O problema é que a empresa capitalista não vai financiar a *Agência Pública* ou o *Diário do Centro do Mundo*, não vai dar dinheiro para quem investiga os abusos financeiros e políticos que estão sempre por trás das mesmas grandes empresas. Então, a saída é contar com a contribuição das pessoas. Mas a gente deve sempre brigar pelo financiamento do Estado. Acho que o Estado deveria redistribuir as verbas, fazer com que todos tenham a oportunidade de fazer jornalismo.

Haveria também a possibilidade de que algumas empresas mais progressistas bancassem um jornalismo dessa ordem. É o caso do ICL (Instituto Conhecimento Liberta), fundado pelo ex-banqueiro Eduardo Moreira, que despertou e viu que poderia fazer algo de importante, algo de diferente na vida, deixando um legado positivo para além do dinheiro.

Aliás, o ICL agora conta com um sócio que veio do YouTube, o Felipe Neto. Quando eu vi o Felipe Neto pela primeira vez, ele estava xingando a Dilma, era evangélico. Agora é sócio de um banqueiro numa mídia progressista. É quase certo que o despertar dele não ocorreu assistindo à Globo, lendo o *Estadão* ou a *Folha de S.Paulo*. Provavelmente foi vendo *Jornalistas Livres*, *Agência Pública*, *TV 247*, *Opera Mundi*, *Mídia Ninja*. Por essas e por outras, não podemos abandonar nenhuma linha de frente.

pólen bold 90 gr/m2
tipologia calisto mt
impresso no verão de 2025